Carole Tolila

avec Camille Gressier

FRUITS

Après Flowers, le livre à effeuiller, voici Fruits, le livre à partager !

Quel bonheur de vous retrouver pour ce nouveau volume, toujours aussi décoratif qu'instructif. Cette fois, ce sont les fruits qui sont à l'honneur, à travers les crayons, pinceaux ou stylets numériques de créatrices venues des quatre coins du monde.

Chacune vous ouvre les portes de son jardin secret avec une vision singulière de 30 fruits choisis. Si l'une de ces illustrations vous touche, détachez la page sans hésiter : ce livre est fait pour être feuilleté… et effeuillé ! Son format se glisse parfaitement dans un cadre : à vous les fraises romantiques ou la tomate pin-up en déco toute l'année.

Avant de vous laisser découvrir cette cueillette graphique, mise en page par la talentueuse Camille Gressier, un petit rappel botanique : le fruit, c'est l'organe comestible issu d'une fleur, celui qui contient les graines. Le légume, lui, vient d'une plante potagère. Autrement dit : le fruit succède à la fleur. *Fruits* succède donc naturellement à *Flowers*. Je respecte le cycle de la vie !

J'espère que le fruit - c'est le moment de la placer - de notre travail vous plaira et je vous laisse nous envoyer vos murs tapissés de ces incroyables illustrations, choisies pour vous surprendre à chaque page !

@carole_tolila @camille_gressier #fruitsthebook

Marabout

Dans l'ordre d'apparition, les illustrations des fruits sont réalisées par :

PAMPLEMOUSSE, @manonbucciarelli

GRENADE, @leaplingstudio

PRUNE, @eleonore.oldwood

GROSEILLE, @annesolange.tardy

POMME, @hannah_bonn

FRAISE, @shelleyaldrichminimuseum

FRUIT DU DRAGON, @heyfrillylily

PÊCHE, @sacree_frangine

POIRE, @delajoie.editions

CERISE, @charlottejanvier

CITRON, @julieroubergueillustrations

ABRICOT, @luciacalfapietra

AVOCAT, @maison.moche

MANGUE, @maluvicente.arte

MÛRE, @maude_made

TOMATE, @shagey_

RAISIN, @astridwilson

KIWI, @lecerisierblanc

COURGETTE, @dessine.moi.une.fleur

FIGUE, @leamaupetit

PASSION, @nuiteejour

PASTÈQUE, @fannymenoret

ANANAS, @irene.caron

FRAMBOISE, @francebizot

MYRTILLE, @klindoeil & @ pierre_feuille_ciseaux

CLÉMENTINE, @cocoshalom

BANANE, @liv.leeee

PHYSALIS, @laura_disegna

ORANGE, @lazycherryclub

AMANDE, @_emma.and.co & @emmanuelleloutte

POMELO
Citrus Paradisi

Pamplemousse

PLANTE :
Pamplemoussier

NOM LATIN :
Citrus maxima

PÉRIODE DE RÉCOLTE :
Janvier-avril.

RENDEMENT POUR UN ARBRE :
100 kg par an.

VARIÉTÉS :
Chandler, Honey, Reinking, de Tahiti.

Le pamplemousse vous berne. C'est un fruit qu'on croit connaître, mais qui joue à cache-cache avec la vérité. Le « pamplemousse » que nous mangeons est un pomelo – hybride de pamplemousse (le vrai, *Citrus maxima*) et d'orange douce (*Citrus sinensis*), né aux Caraïbes au XVIIIe siècle. Le véritable pamplemousse, venu d'Asie du Sud-Est, est un géant verdâtre à chair souvent pâle, peu juteux mais parfumé.
On l'a appelé *grapefruit* en anglais, car il pousse en grappes, comme le raisin. En France, le mot « pamplemousse » s'est imposé à tort, par simplification. Résultat : un malentendu botanique qui dure depuis des décennies.
Le pomelo joue des tours aussi : il paraît tout doux avec ses teintes ; pourtant, il peut être très amer à l'intérieur. Ce n'est pas toujours le coup de cœur immédiat.
Une chose est sûre, c'est qu'il fait du bien quand tout est terne l'hiver. Il apporte sa lumière. Ses variétés sont nombreuses : 'Star Ruby', 'Pink', 'Ruby Red'… Elles sont plus ou moins sucrées et roses, parfois sans pépins.
Rien que pour son parfum et sa floraison, il mérite qu'on lui fasse une place au jardin. Le pomelo peut se plaire dans un jardin méditerranéen ou même en pot, à condition d'avoir beaucoup de lumière, un emplacement abrité et chaud. Il lui faut un sol léger, riche, bien drainé. On le plante au printemps, loin des vents froids. En pot, choisissez un grand contenant, avec un bon lit de drainage au fond. Arrosez régulièrement, sans excès, et apportez de l'engrais pour agrumes au printemps et en été. En dessous de -5 °C, il peut souffrir. En climat tempéré, rentrez-le dans une serre ou une véranda l'hiver. La fructification demande de la patience et de la chaleur : les jeunes arbres peuvent mettre plusieurs années à donner.

L'ILLUSTRATRICE :

Manon Bucciarelli

FRANCE
@MANONBUCCIARELLI

J'ai repéré le travail de Manon sur un livre qu'elle avait réalisé. Spécialisée dans le design de couverture, elle a travaillé pour de nombreuses maisons d'édition.

Carole : Quelle technique as-tu utilisée pour ton illustration ?
Manon : J'ai utilisé une palette de couleur limitée, une majorité de formes pleines, en aplat, et quelques touches de lumière au vaporisateur. Je travaille sur iPad avec le logiciel Procreate, ce qui me permet de dessiner les lettrages à la main.

Carole : Qu'est-ce qui crée l'étincelle chez toi ?
Manon : Je suis une collectionneuse d'images. Toutes m'inspirent : les enseignes de magasin peintes à la main, les boîtes d'allumettes, les logos sur les cagettes au marché, les titres de journaux, les étiquettes de limonade... Je conserve aussi les petits papiers qui enveloppent les agrumes chez le maraîcher.

Carole : Décris-nous ta routine pour créer.
Manon : Je n'ai pas de routine. Le secret, c'est le téléphone en mode avion !

*Si Manon était un fruit, elle serait **un litchi**, sec et piquant à première vue, mais tendre et doux à l'intérieur !*

PUNICA
GRANATUM

Grenade

PLANTE : Grenadier

NOM LATIN : *Punica granatum*

PÉRIODE DE RÉCOLTE : Septembre-décembre.

RENDEMENT POUR UN ARBRE : 40-50 kg.

VARIÉTÉS : Wonderful, Mollar, Tendral, Hicaz.

Des temples antiques aux cuisines d'aujourd'hui, la grenade traverse le temps. Elle apparaît sur des fresques grecques, des mosaïques romaines, dans des vers bibliques. C'est elle que l'on retrouve dans la main de Perséphone, reine des Enfers. Enlevée par Hadès, cette dernière aurait croqué des grains de grenade, la nourriture des morts, ce qui lui a interdit tout retour parmi les vivants.
Fruit sacré et sensuel, la grenade fait des merveilles en cuisine. Sous une écorce coriace, ses arilles (les petites graines juteuses), acidulés et croquants, explosent en bouche. Son sirop, la mélasse de grenade, est incontournable au Liban, en Iran, en Turquie. Mais attention, la grenade ne se livre pas aux pressés : elle exige lenteur et délicatesse.
Elle est issue du grenadier, un arbuste méditerranéen qui se cultive en verger, en haie ou en bac. Il se plaira dans la majorité de nos régions : il est rustique jusqu'à -10 °C selon les variétés. Il ne redoute pas les étés longs, chauds et secs, et peut vivre jusqu'à 200 ans. Il faut s'arrêter quelques instants sur sa fleur, fruit en devenir. C'est une cloche étoilée de couleur rouge vif ou orange, qui s'épanouit entre mai et septembre, selon les climats. Ses pétales froissés, presque de papier de soie, contrastent avec le calice épais et coriace qui deviendra le fruit.
Ce superaliment est très protecteur. Pour votre corps : il est bourré d'antioxydants et aurait des effets sur les maladies cardiovasculaires, les troubles neurologiques ou encore certains cancers. Et pour votre félicité. Au nouvel an, dans certains pays, notamment la Grèce, des familles cassent une grenade sur le seuil de leur porte de façon qu'un maximum de graines s'éparpillent. Plus il y a de graines, plus l'année sera heureuse.

L'ILLUSTRATRICE :

Rachel Russell

AUSTRALIE

@LEAPLINGSTUDIO

Rachel a été violoniste pendant la majeure partie de sa vie, mais le dessin était toujours là, en arrière-plan. Elle a grandi dans un environnement très créatif et stimulant en Corée.

Carole : Qu'as-tu cherché à mettre en avant dans ce dessin ?
Rachel : Ce dessin fait référence à des illustrations botaniques du XVIIe siècle. J'ai toujours adoré leur forme équilibrée, la finesse des gravures et ce sens du détail ornemental. J'ai cherché à m'en inspirer, tout en y ajoutant ma touche moderne et fantaisiste. J'ai utilisé une vraie grenade comme modèle, car je voulais capter chaque petit détail. J'ai reproduit les graines une par une, comme de minuscules rubis précieux ! J'ai dessiné au stylo encre à pointe fine, puis j'ai peint à l'aquarelle. J'ai aussi utilisé des crayons de couleur et des pastels pour ajouter de la texture.

Carole : Il y a aussi une recherche sur les couleurs…
Rachel : J'adore les rouges profonds de la grenade ; c'est un bonheur à peindre à l'aquarelle. J'ai utilisé une palette variée, allant du vermillon au cramoisi d'alizarine, avec de subtiles touches de jaune.

*Si Rachel était un fruit, elle serait **une framboise**, douce mais avec du peps !*

Prune

PLANTE :
Prunier

NOM LATIN :
Prunus domestica

PÉRIODE DE RÉCOLTE :
Juillet-octobre.

RENDEMENT POUR UN ARBRE :
En moyenne 13,3 kg par an.

VARIÉTÉS :
Early Laxton, Shiro, Giant Prune, Guinevere.

La prune a le charme discret des choses familières. Reine-Claude, quetsche ou encore mirabelle… la prune aime changer de nom, de robe et de couleur, passant du violet profond au jaune doré, du vert tendre au rouge coquin. Juteuse et sucrée, avec parfois une pointe d'acidité – celle que je préfère ! Si toutes les prunes appartiennent à une seule et même espèce, il en existe en revanche plus de 2 000 variétés dans le monde, dont près de 400 en France. Parmi les plus connues : la 'Reine-Claude dorée', la 'Quetsche d'Alsace', la 'prune d'Ente' (utilisée pour faire les pruneaux d'Agen) ou encore la 'mirabelle de Nancy'. C'est donc en fonction de vos goûts et de votre climat qu'il faudra choisir la variété la mieux adaptée. Le prunier est plutôt facile à vivre. Plantez-le à l'automne ou au printemps, dans un sol bien drainé, voire humide. Offrez-lui une exposition ensoleillée, à l'abri des vents froids. Il fleurit tôt, en mars-avril, avec une floraison blanche et abondante. La récolte s'étale de juillet à septembre selon les variétés. Si votre prunier fructifie mal, c'est peut-être dû à un sol trop riche en azote. Il faut apporter alors une fumure riche en potassium et phosphore. J'aimerais rendre hommage à une femme qui a eu une vie courte et plutôt triste : Claude de France. Épouse de François Ier, cette reine, surnommée « la bonne reine » pour sa bienveillance envers le peuple, fut honorée par son mari, qui donna son nom à un prunier originaire d'Asie. L'arbre aurait été rapporté par un ambassadeur de François Ier, envoyé auprès de Soliman le Magnifique. Alors, la prochaine fois, avant de couper une tarte aux reine-claude, n'hésitez pas à vous incliner.

L'ILLUSTRATRICE :

Eleonore Oldwood

FRANCE
@ELEONORE.OLDWOOD

Avec Eleonore, nous partageons la même madeleine de Proust : sauf que moi j'aime les prunes 'Violettes de juillet' et elle, les mirabelles. Pour ce dessin, j'ai préféré que ce soit son enfance qui soit mise en image, car j'aime quand Eleonore nous raconte des histoires avec ses pinceaux.

Carole : Quelle technique as-tu utilisée pour cette illustration ?
Eleonore : Un mélange d'aquarelle et d'encres à base de gomme-laque, rehaussé de quelques touches de peinture or.

Carole : Comment ce dessin est-il né ?
Eleonore : Il est né de souvenirs de mon enfance passée dans le Sud-Ouest, où on mangeait les mirabelles du jardin comme s'il s'agissait des meilleurs bonbons du monde. Je m'y suis replongée gaiement alors que mon atelier parisien baignait dans un soleil de fin d'après-midi printanier.

*Si Eleonore était un fruit, elle serait **une grenade**. Elle aime découvrir tous ses petits grains sucrés, un véritable feu d'artifice en bouche !*

POSTE FLORALE
GROSEILLES
3.00
REPUBLIQUE
DU BONHEUR

PLANTE :
Groseillier

NOM LATIN :
Ribes rubrum

PÉRIODE DE RÉCOLTE :
Mi-juin - mi-août.

RENDEMENT POUR UN ARBRE :
1,5 à 3 kg.

VARIÉTÉS :
Turinoise, Mulka, Rondom.

Groseille

Ne vous fiez pas à sa taille : la groseille est une petite rebelle ! Elle ne pèse rien, mais elle réveille tout. Sur un yaourt, dans une gelée ou au creux d'une main, la groseille met de la vie là où tout était doux. Elle bouscule par sa couleur, sa texture et son acidité. Dans l'ombre de la framboise ou de la fraise, elle trace son propre chemin. Originaire d'Europe du Nord (pays scandinaves, Sibérie…), la groseille pousse spontanément dans les sous-bois frais. Elle est cultivée depuis le Moyen Âge dans les jardins monastiques, souvent en haie, pour ses vertus médicinales. Riche en vitamine C et en antioxydants, elle servait à « purifier le sang ». Aujourd'hui, dans les rayons d'herboristerie, on trouve de la groseille Péyi en tisane pour favoriser l'équilibre de la tension artérielle et du cholestérol, ou encore soulager les douleurs menstruelles.
Le groseillier se cultive plutôt facilement, pourvu qu'il soit planté dans un sol frais, humifère et légèrement acide. Il redoute les fortes chaleurs. C'est pourquoi il est conseillé de bien le pailler de l'arroser régulièrement en cas de sécheresse. Il aime la lumière douce du matin ; évitez le plein sud. Plantez-le à l'automne ou au début du printemps, en laissant de l'espace entre chaque pied pour qu'il respire. En haie fruitière ou isolé, il peut vivre 10 à 15 ans et produire dès la deuxième année. Avant de tourner la page, je dois vous servir une confiture de groseille ! À Bar-le-Duc, en Lorraine, il existe une confiture d'exception où chaque groseille est épépinée à la main avec une plume d'oie. Un travail incroyable et d'orfèvre pour rendre hommage à ce fruit dont la vivacité en bouche est légendaire !

L'ILLUSTRATRICE :

Anne-Solange Tardy

FRANCE
@ANNESOLANGE.TARDY

Anne-Solange aime travailler avec le réel. Munie de ses pinceaux ultrafins et d'une loupe, elle dissèque chaque détail pour le reproduire avec délectation. C'est la première fois qu'elle conçoit un timbre.

Carole : Quelle est l'histoire derrière ce dessin ?
Anne-Solange : Cette grappe de groseilles vient du jardin de mon oncle et ma tante. J'ai immédiatement été saisie par la beauté de ces fruits translucides et brillants comme de petites billes de verre. Si bien que je n'ai pu les manger : je voulais les peindre avant de les dévorer !

Carole : Qu'est-ce qui t'inspire habituellement ?
Anne-Solange : Tout ce qui pousse dans la nature. J'aime aussi ce qui est petit car il me semble que les peintures de petite taille créent une intimité particulière, qui invite à faire une pause pour observer les détails. Mon travail est une invitation à ralentir et à regarder le monde qui nous entoure.

Carole : Quel autre fruit aimerais-tu dessiner un jour, et pourquoi ?
Anne-Solange : J'ai une passion pour la fraise. Elle est assez technique, avec ses multiples reflets et ses centaines de petits grains.

*Si Anne-Solange était un fruit, elle serait **une pomme** !*

TAKE A BREAK.

Pomme

PLANTE :
Pommier

NOM LATIN :
Malus domestica

PÉRIODE DE RÉCOLTE :
Juillet-octobre.

RENDEMENT POUR UN ARBRE :
En moyenne 32 kg par an.

VARIÉTÉS :
James Grieve, Ashmead's Kernel, Mother, Golden Delicious.

Fruit défendu ou plaisir simple, la pomme est une icône. Ce fruit a traversé les siècles et les civilisations. Au XIXe siècle, on en comptait déjà plus de 600 variétés. Il en existe aujourd'hui plusieurs milliers : 'Golden', 'Gala', 'Reine des Reinettes', 'Granny Smith', 'Pink Lady', 'Canada grise' ou encore 'Belle de Boskoop'… Elles ont chacune leur goût, leur apparence et leur usage. Si certaines sont acidulées et croquantes, d'autres sont sucrées et fondantes.
Dans mon jardin, j'ai opté pour un pommier colonnaire, c'est-à-dire qu'il pousse sur un seul axe et ne produit que de courts rameaux. Le pommier colonnaire Villandry, je l'ai découvert dans le jardin de Stéphane Marie et en croquant une pomme, j'ai immédiatement été séduite. Je n'ai pas encore pu profiter de ces bonbons rouges éclatants, car il faut attendre 2 à 3 ans pour profiter de la première fructification. Ce pommier fleurit à la mi-avril. Si vous souhaitez en installer un dans votre jardin, sachez qu'il peut être planté en racines nues d'octobre à avril, ou en pot toute l'année. Vous le trouverez chez Georges Delbard, célèbre pépiniériste français qui rend hommage au travail du directeur des jardins fruitiers et potagers sous Louis XIV. En introduisant l'utilisation d'arbres palissés, Monsieur de La Quintinie a révolutionné l'art du jardinage. Aujourd'hui, c'est une alternative idéale pour les jardiniers contraints par la taille de leur jardin ou par un balcon. Et c'est si chic d'avoir un pommier avec un nom de château ! Vivement mon premier crumble Villandry…
Je suis une reine du crumble… pour rester dans l'allégorie royale !

L'ILLUSTRATRICE :

Hannah Bonn

ANGLETERRE
@HANNAH_BONN

Hannah est tombée dans la marmite de l'illustration par hasard. Elle a tenté beaucoup de métiers, mais ne se sentait jamais à sa place. À la naissance de son fils, elle est tombée amoureuse de l'illustration jeunesse. Elle a enfin trouvé l'activité professionnelle qui lui correspond, variée et joyeuse !

Carole : Quelle technique as-tu utilisée pour cette illustration ?
Hannah : J'aime travailler à la fois avec des techniques traditionnelles et numériques. En général, je commence avec de l'acrylique et de la gouache pour créer la majorité des textures, puis je finalise tout numériquement.
Carole : Comment as-tu procédé pour faire naître cette illustration ?
Hannah : Quand je traverse une panne d'inspiration artistique, je retourne souvent voir mes anciennes illustrations. Celle-ci en fait partie : elle a été redessinée à partir d'un ancien dessin. C'est toujours intéressant de voir à quel point mon style a évolué.

Carole : Est-ce que tu dirais que la pomme est facile à dessiner ?
Hannah : C'est toujours un défi d'illustrer un fruit qui a déjà été dessiné un million de fois. Il faut trouver de nouvelles manières de le rendre intéressant.

*Si Hannah était un fruit, elle serait **une mangue** !*

Fraise

PLANTE :
Fraisier

NOM LATIN :
Fragaria

PÉRIODE DE RÉCOLTE :
Mai-juillet pour les variétés d'été. Juillet-octobre pour les variétés remontantes. Mars-avril et octobre-décembre, sous abri.

RENDEMENT POUR UN ARBRE :
0,22-0,45 kg par an.

VARIÉTÉS :
Flamenco, Korona, Gariguette, Pegasus.

La fraise est sensuelle, joyeuse et populaire, capable de séduire aussi bien le cueilleur du dimanche que le pâtissier étoilé. Contrairement à ce que l'on pourrait croire, la fraise que nous mangeons aujourd'hui n'est pas celle que croquaient nos ancêtres. Certes, dès la préhistoire, l'homme consomme des fraises des bois, mais la fraise moderne est liée à l'introduction de plants ramenés par un officier français, Amédée-François Frézier (oui, comme « fraise » !). En 1714, il rapporte des plants d'une grosse fraise blanche, *Fragaria chiloensis*. Après quelques années de culture en Bretagne, à Plougastel, un fruit apparaît enfin, et c'est un délice. Aujourd'hui, il existe trois familles de fraises cultivées : les non-remontantes (comme 'Gariguette' ou 'Ciflorette'), qui donnent une récolte unique au printemps ; les remontantes (comme 'Mara des Bois' ou 'Charlotte'), qui produisent de mai à octobre ; et les quatre-saisons, plus petites mais presque perpétuelles.
La fraise est facile et généreuse au jardin, à condition de lui offrir un sol bien drainé, riche en humus et légèrement acide. Elle aime les expositions ensoleillées, voire mi-ombragées, avec un bon apport en eau. Vous pouvez installer les plants au début de l'automne ou au printemps, en les espaçant de 30 cm. Pensez à renouveler la plantation tous les trois ans, car les fraisiers s'épuisent vite. Deux dernières informations à connaître. La fraise est l'un des rares produits plaisir peu caloriques – 30 cal (127 kj) pour 100 g –, car elle contient 90 % d'eau. Et en botanique, la fraise n'est pas un fruit : ce sont les petits grains (akènes) à sa surface qui le sont, tandis que sa chair juteuse n'est qu'un réceptacle. Mais on ne pouvait pas se passer de la fraise dans ce livre !

L'ILLUSTRATRICE :

Shelley Aldrich

ÉTATS-UNIS
@SHELLEYALDRICHMINIMUSEUM

Shelley est une illustratrice autodidacte. Je l'ai découverte en flânant sur Instagram et non seulement elle est très douée pour dessiner mais elle explore en ce moment le paper art, et c'est hypnotisant !

Carole : Quel matériel as-tu utilisé pour cette illustration ?
Shelley : De la gouache acrylique Acryla de Holbein et de la gouache en godets de la même marque avec des crayons Luminance de Caran d'Ache. J'aime superposer de fines couches de couleur, puis terminer avec des ombrages et des détails plus marqués. Quand je peins, j'utilise presque toujours une référence. J'ai une collection de guides botaniques anciens. Les livres de Marjorie Blamey font partie de mes préférés !

Carole : Quel est ton parcours ?
Shelley : J'ai étudié le management à l'université de Californie du Sud (USC) et j'ai travaillé pendant plus de 20 ans comme analyste financière. Quand j'ai quitté le monde de l'entreprise pour m'occuper de mes filles, j'ai exploré la peinture. J'ai donc commencé ce hobby à 45 ans pour continuer à apprendre et à grandir.

Si Shelley était un fruit, elle serait ***une fraise*** *: petite, vive, simple et proche de la terre !*

Fruit du dragon

PLANTE :
Cactus hémiépiphyte

NOM LATIN :
Selenicereus undatus

PÉRIODE DE RÉCOLTE :
Avril-novembre (au Vietnam, le plus grand producteur mondial).

RENDEMENT POUR UN ARBRE :
20-35 kg par an.

Un fruit né d'un cactus et fécondé la nuit par les chauves-souris. C'est un pitch très accrocheur, non ? Le fruit du dragon, également connu sous le nom de « pitaya », semble sorti d'un conte tropical. Avec sa peau rose vif hérissée d'écailles vertes et sa chair constellée de graines noires, il a tout pour intriguer.
Mais derrière ce look spectaculaire se cache un fruit discret, né d'une fleur aussi rare qu'éphémère. Cette grande fleur blanche, qui ne s'ouvre qu'à la tombée de la nuit pour faner au lever du jour, dégage un parfum vanillé. Elle compte alors sur les chauves-souris ou les papillons de nuit pour assurer sa pollinisation. En leur absence, l'intervention humaine devient nécessaire : il faut s'armer d'un pinceau pour féconder la fleur… en pleine nuit ! À noter qu'il peut falloir deux à trois ans avant qu'un plant commence à produire.
Le pitaya est un fruit du désert. Il pousse sur une liane-cactus qui aime s'étirer vers le ciel. En pot ou en pleine terre, il a besoin d'une structure solide pour être soutenu. Il n'aime pas le froid, mais adore le soleil et les sols bien drainés. Un terreau léger, un pot profond et un arrosage modéré suffisent à son bonheur.
Il existe plusieurs types de pitayas : celui à peau verte et rose avec une chair blanche, celui à chair jaune, celui à peau rose et pulpe pourpre, ainsi que celui à peau jaune et pulpe blanche.
Originaire du désert du Yucatán, au Mexique, le pitaya a ensuite voyagé jusqu'en Asie, notamment au Vietnam, grâce aux colons français. Si de nombreux pays se lancent dans sa culture, le Vietnam est devenu le premier producteur et exportateur mondial. Le pitaya étant riche en vitamines et en antioxydants, sa popularité ne cesse de croître. Aujourd'hui, avec le réchauffement climatique, un maraîcher varois est même parvenu à le cultiver en France.

L'ILLUSTRATRICE :

Lily Odette

PAYS-BAS
@HEYFRILLYLILY

Lily a mené des études dans la mode pour devenir styliste, mais s'est rapidement rendu compte qu'elle était davantage attirée par le dessin et les motifs que par la construction et la couture !

Carole : Comment as-tu travaillé sur cette illustration ?
Lily : J'ai regardé des photos de l'arbre et j'ai réinterprété sa forme à la peinture acrylique. J'ai peint certains fruits coupés parce que j'adore les graines noires à l'intérieur. Ce fruit est très séduisant et exotique visuellement.
Carole : Qu'est-ce que tu aimes dans ce fruit ?
Lily : Je n'en mange pas souvent car il est difficile d'en trouver des bien mûrs, sucrés et frais aux Pays-Bas. Mais j'en ai beaucoup mangé pendant des vacances en Asie, et c'est un fruit qui peut être délicieux. J'aime ses couleurs exotiques, son nom extravagant et sa saveur. De l'extérieur, il peut sembler un peu intimidant avec ses sortes d'épines, mais quand on le coupe, on découvre à l'intérieur ses jolies petites graines contrastées. C'est une surprise charmante.

*Si Lily était un fruit, elle serait **une figue** ! L'odeur sucrée du figuier lui rappelle les vacances en famille au Portugal.*

la vie qu'on mérite
est dans le sud.

PLANTE :
Pêcher

NOM LATIN :
Prunus persica

PÉRIODE DE RÉCOLTE :
Juillet-septembre.

RENDEMENT POUR UN ARBRE :
En moyenne 14,1 kg par an.

VARIÉTÉS :
Garden Lady, Bonanza, Duke of York, Red Haven.

Pêche

Nous sommes nombreux à avoir un point commun avec Louis XIV : l'amour des pêches. Plus de 30 variétés sont, de son temps, cultivées à Versailles. C'est à cette époque que naît, à Montreuil, la culture en espalier. Aujourd'hui encore, quand on se promène dans les anciens vergers de cette commune, on comprend l'ingéniosité du système : de petites parcelles cloisonnées par des murs enduits de plâtre, qui emmagasinent la chaleur et créent un microclimat propice à la maturité des fruits. Vous l'avez compris, le pêcher a besoin de soleil. C'est pourquoi, dans la moitié nord de la France, il est recommandé d'opter pour une culture en espalier. Cet arbre fruitier est un solitaire qui n'aime pas les voisins trop proches, ni les vents froids, ni l'humidité, et il est souvent autofertile.
On le plante à l'automne ou au début du printemps, en racines nues ou en pot, dans un sol travaillé en profondeur.
Pour éviter la cloque du pêcher, une maladie cryptogamique qui fait boursoufler ses feuilles, pulvérisez de la bouillie bordelaise avant l'ouverture des bourgeons puis à la chute des feuilles.
Il est difficile de recommander une seule variété tant la palette est vaste ! À chair jaune, la 'Red Haven' est juteuse et très sucrée. À chair blanche, la 'Reine des Vergers' séduit par son cœur rouge éclatant.
On distingue les pêches, à la peau veloutée et à la chair fondante, des nectarines, à la peau lisse, issues de mutations naturelles du même arbre. Le pêcher peut vivre entre 25 et 40 ans. Ses fruits, eux, ne se conservent pas longtemps…

L'ILLUSTRATRICE :

Aline Kpade & Célia Amroune

FRANCE
@SACREE_FRANGINE

Derrière le duo Sacrée Frangine, il y a Aline et Célia, des amies d'enfance devenues créatrices. Depuis 2016, elles ont allié leurs univers pour créer leur marque, avec une tendresse particulière pour les figures féminines.

Carole : Comment ce dessin est-il né ?
Aline : Je revenais d'un séjour dans le Sud de la France.
Une parenthèse où tout semble plus lent et plus beau. J'avais envie de figer cette impression avec une illustration simple, qui me rappelle la lumière, les longues journées, les salades colorées, les façades provençales et leurs teintes passées. La vie qu'on mérite est définitivement dans le Sud !
Célia : Cette illustration a été réalisée numériquement, sur tablette graphique. Nous aimons la souplesse que permet cet outil : il nous laisse chercher, effacer, recommencer, sans perdre cette sensation de spontanéité.

Carole : Quel autre fruit aimeriez-vous dessiner un jour et pourquoi ?
Aline & Célia : La pastèque. C'est le fruit qui nous rappelle le plus l'été, la fraîcheur et le partage. Un peu comme un tableau idéal.

*Si Aline était un fruit, elle serait **une pastèque**, pour les taches qu'elle laisse sur ses t-shirts. Si Célia était un fruit, elle serait **un abricot**. Simple mais subtil.*

Poire

PLANTE :
Poirier

NOM LATIN :
Pyrus communis

PÉRIODE DE RÉCOLTE :
Août-octobre.

RENDEMENT POUR UN ARBRE :
En moyenne 13,9 kg par an.

VARIÉTÉS :
Beurré Superfin, Doyenné du Comice, Conférence, Williams Bon Chrétien.

La poire a la forme d'une larme. C'est pourtant un concentré de douceur ! Née en Asie centrale, elle a trouvé en Europe occidentale une terre d'adoption. C'est l'un des plus vieux fruits domestiqués par l'homme : on retrouve sur des sites préhistoriques des pépins témoignant de sa présence dès l'âge néolithique. Ce sont les Romains qui l'ont raffinée, multipliant les variétés et les recettes. Au fil du temps, la poire a pris racine en Europe, devenant au XIXe siècle l'une des reines des vergers français.
Aujourd'hui, plus de 2 000 variétés existent ! Si l'automne est LA saison pour manger des poires, certaines variétés d'été sont délicieuses. Pour assouvir votre curiosité, laissez-vous tenter un jour par une poire 'Singo' de Corée. Ronde, croquante et juteuse, elle a un goût subtil entre poire traditionnelle et pomme sucrée.
Le poirier est un arbre rustique, qui s'épanouit dans les climats tempérés. Il aime les sols profonds, frais mais bien drainés, et redoute les zones trop calcaires.
Son exposition idéale, c'est en plein soleil, à l'abri des vents froids. Il existe des variétés autofertiles, mais beaucoup ont besoin d'un pollinisateur. Un peu de patience sera nécessaire : comptez 3 à 5 ans avant les premières poires. Mais l'arbre peut vivre plus de 200 ans et atteindre 20 mètres de haut !
Comme le kiwi, la poire se récolte ferme, puis elle mûrit doucement dans la corbeille. Crue, pochée, rôtie, en tarte, avec du fromage, la « bonne poire » se décline facilement en cuisine. Celle qui a inspiré des sculpteurs, séduit des rois et parfumé des desserts mythiques saura forcément trouver faveur auprès de vous.

L'ILLUSTRATRICE :

Alice Gras

FRANCE
@DELAJOIE.EDITIONS

Depuis le jour où j'ai rencontré Alice et sa compagne Anaïs, j'ai beaucoup d'affection pour elles. Si créatives, si lumineuses, elles transforment tout ce qu'elles touchent en beauté désirable : mobilier, scénographie, déco d'intérieur…

Carole : Quelle technique as-tu utilisée pour créer ton blason à base de poire ?
Alice : Le pastel permanent, le pastel gras et le collage numérique.
En tant que néophyte en illustration, je ressens beaucoup d'enthousiasme à utiliser plusieurs techniques pour parvenir au résultat final. Mon fil conducteur, en ce moment, c'est de sentir ma main comme le prolongement de mon cœur.

Carole : Comment aimes-tu travailler ? As-tu des rituels ?
Alice : Je dirais que j'ai besoin de me plonger dans un état.
Je commence par une première étape de recherche, puis je tâtonne jusqu'à trouver mon fil conducteur, et ensuite je me lance. Je crée aussi un environnement propice : j'accumule tout autour de moi les objets qui m'inspirent et que je trouve beaux. La bande-son du jour a aussi son importance, elle me déconnecte du réel.

Si Alice était un fruit, elle serait ***une belle poire****.*
Généreuse, délicate et c'est le fruit préféré de sa fille !

better together
better together
better together
better together

Cerise

PLANTE :
Cerisier

NOM LATIN :
Prunus cerasus

PÉRIODE DE RÉCOLTE :
Juin-septembre.

RENDEMENT POUR UN ARBRE :
50-70 kg par an.

VARIÉTÉS :
Vega, Sunburst, Nabella, Sweetheart.

La cerise apparaît dans le paysage fin mai, début juin avec son petit air de liberté enfantine, de gourmandise immédiate.
Tendre et sucrée, à croquer après avoir été collectée directement sur un arbre, la cerise est un plaisir simple, sans manières. Ce sont les premières boucles d'oreilles que l'on s'offre, le petit bonheur en plus en fin de repas. L'histoire du cerisier commence en Asie Mineure. Dès l'Antiquité, les Grecs et les Romains mentionnent dans leurs écrits la présence de cet arbre fruitier. Les Romains prétendent l'avoir introduit en Europe.
Ce serait le général Lucullus qui l'aurait rapporté d'Asie Mineure en l'an 73. En France, la cerise s'impose surtout au Moyen Âge et connaît son âge d'or grâce à Louis XV, qui encourage sa culture et fait planter des cerisiers à Versailles. Au XVe siècle, les cultivars sont déjà nombreux et on en dénombre aujourd'hui plus de 600. Le merisier et le cerisier sauvage ont donné naissance à une grande famille répartie en quatre races :
- Le bigarreautier, volumineux avec ses grandes fleurs et ses fruits à chair ferme, sucrés et peu colorés.
- Le guignier, qui, bien que cultivé depuis des siècles, n'a pas connu le succès. Il donne des fruits à chair plus molle. Il est davantage utilisé pour les compotes ou les jus.
- Le cerisier, aux fruits à chair tendre et transparente, au jus incolore légèrement acidulé.
- Le griottier, aux fruits à chair plus ou moins tendre et au jus très acidulé.

Pour votre jardin, les cerisiers classiques conseillés sont les 'Bigarreau Cœur de pigeon', 'Bigarreau Napoléon' ou 'Early Rivers'. Si vous n'avez pas de jardin, vous pouvez opter pour des cerisiers nains, parfaits en bac, comme celui appelé 'Garden Bing'.

L'ILLUSTRATRICE :

Charlotte Janvier

FRANCE
@CHARLOTTEJANVIER

Charlotte est styliste, designer textile, illustratrice et… trop sympa ! Elle crée des imprimés textiles, toujours avec une pointe d'humour. Les fruits et les légumes l'inspirant beaucoup, c'était important qu'elle soit dans ce livre.

Carole : Décris-nous la naissance de ces cerises.
Charlotte : Comme souvent, j'ai dessiné la nuit, lorsque tout le monde dort. C'est mon moment préféré pour créer. Je voulais mixer une illustration graphique et rigolote avec un côté plus « élégant » apporté par la bordure. J'aime laisser des messages dans mes illustrations, ici, « better together ».

Carole : Quelle technique as-tu utilisée pour ton illustration ?
Charlotte : J'ai fait des crayonnés et des essais au feutre dans un carnet puis je suis passée sur ma tablette. J'avais le visuel précis en tête donc j'ai été droit au but ! Si j'ai besoin d'observer, j'aime me balader sur les marchés pour profiter de toutes les couleurs et formes. Pour cette illustration, on est loin du dessin académique, c'est de l'imagination pure !

Si Charlotte était un fruit, elle serait ***une grenade****. D'apparence banale, presque peu attirante, mais avec à l'intérieur un foisonnement de graines colorées.*

Lemons

Citron

PLANTE :
Citronnier

NOM LATIN :
Citrus × limon

PÉRIODE DE RÉCOLTE :
Toute l'année selon la variété, avec un pic en hiver.

RENDEMENT POUR UN ARBRE :
En moyenne 80 kg par an.

VARIÉTÉS :
Main de bouddha, Adamo, Cerza, Eureka.

Si, aujourd'hui, les pépinières ont tendance à proposer de nouveaux agrumes puisque ce sont des plantes qui s'hybrident facilement, j'avoue être d'une grande fidélité envers les citronniers. D'une part, parce que je suis Méditerranéenne, le citron est inscrit dans ma rétine et dans mon histoire (ah, le célèbre carnaval de Menton et ses chars jaunes incroyables qui annoncent la sortie de l'hiver !). D'autre part, parce que le citron est un indispensable dans mon alimentation. Son parfum acidulé sublime tous les plats un peu fades. Si vous souhaitez de belles récoltes de citrons, il faut favoriser la pleine terre et habiter la région méditerranéenne. Mais vous n'allez pas déménager pour un citronnier ! Donc, si ce n'est pas le cas, vous pouvez opter pour la culture en pot. Privilégiez une exposition sud car, vous vous en doutez, il lui faut beaucoup de soleil. En pleine terre, plantez votre arbre au printemps, creusez un trou d'au moins 1 mètre de profondeur, ajoutez du sable et du compost pour améliorer le drainage. En pot, choisissez un contenant profond, placez des billes ou du gravier et utilisez un mélange de terre de jardin, de sable et de compost. Arrosez régulièrement et apportez un engrais spécial agrumes au début de l'été. L'hiver, pensez à rentrer votre pot dans une serre chauffée (au moins hors gel) et bien ensoleillée. Cultivé depuis plus de 4 000 ans, le citron a voyagé à travers l'Asie avant de conquérir le Bassin méditerranéen puis le monde avec l'essor du commerce maritime. J'espère que la star de ce livre (il a la couv !) illuminera vos tables basses ou éclairera une journée pluvieuse, comme ce fut le cas le jour où Julie a dessiné celui-ci.

L'ILLUSTRATRICE :

Julie Roubergue

FRANCE

@JULIEROUBERGUEILLUSTRATIONS

Julie aime couvrir nos murs de souvenirs joyeux, de références botaniques ou de villes qui sentent bon l'été. L'architecture, les voyages et les paysages sont ses sources d'inspiration.

Carole : Quelle technique as-tu utilisée pour ton illustration ?
Julie : Je suis partie d'un croquis au crayon, réalisé d'après mon petit citronnier d'intérieur. Ensuite, j'ai travaillé la mise en couleur sur Procreate, puis j'ai finalisé l'illustration sur Illustrator. J'aime ce mélange entre spontanéité du dessin et précision numérique.

Carole : Pourquoi as-tu décidé de dessiner ce fruit ?
Julie : Parce que le citron, pour moi, c'est le Sud, la chaleur, la fraîcheur.

Carole : Qu'est-ce qui t'inspire ?
Julie : Graphiquement, j'aime les anciennes étiquettes et les éléments aux formes lisibles, aux couleurs franches. Je suis inspirée par les choses simples qui, en un clin d'œil, évoquent une ambiance ou une émotion. Le citron en fait partie : il raconte à lui seul la Méditerranée, l'été, la douceur de vivre.

Si Julie était un fruit, elle serait ***un abricot****. Doux, un peu velouté, solaire… Elle l'aime sous toutes ses formes.*

APRICOT
JAM

PLANTE :
Abricotier

NOM LATIN :
Prunus armeniaca

PÉRIODE DE RÉCOLTE :
Juillet-août.

RENDEMENT POUR UN ARBRE :
En moyenne 14,3 kg par an.

VARIÉTÉS :
Alfred, Tom Cot, Petit Muscat, Moorpark.

Abricot

L'abricotier est originaire de Chine et non d'Arménie, comme on l'a cru pendant un temps. Son histoire sur Terre est ancienne : il était cultivé en Asie au moins un siècle avant notre ère avant d'apparaître dans le Nord-Ouest de l'Inde et d'arriver par la suite sur le pourtour méditerranéen. Introduit en Europe par Alexandre le Grand via la Route de la soie, il a conquis les palais grâce à sa texture veloutée et ses arômes délicats. En France, l'abricot a longtemps été considéré comme un fruit exotique, réservé aux tables royales.
Ce n'est qu'au XIXe siècle qu'il s'est démocratisé, notamment grâce au développement des transports ferroviaires, qui ont permis sa diffusion à travers le pays.
Avec le réchauffement climatique, sa culture est désormais possible au-dessus de la Loire, mais cet arbre aime la chaleur et, pour ses fruits, sa floraison étant précoce (entre février et avril), il faut se méfier des gelées tardives.
Avec l'amandier, c'est l'un des arbres fruitiers qui fleurit à la fin de l'hiver. Il supporte tous types de sols sauf ceux trop compacts et argileux, avec une exposition plutôt nord, à l'abri du vent. Parmi les variétés connues, on pense très souvent au 'Rouge du Roussillon' ou aux abricots acidulés du 'Bergeron'. Mais si vous souhaitez vous démarquer, vous pouvez opter pour l'abricotier des Pyrénées 'Bourquin', qui est très résistant aux gelées. La taille est capitale pour l'abricotier. Pensez à effectuer une taille lorsqu'il est jeune, une taille l'hiver pour le structurer et en entretien une taille l'été pour améliorer sa fructification.
Si vous appliquez la règle des cinq fruits ou légumes par jour, sachez que deux gros abricots ou trois petits correspondent à une portion de fruit.

L'ILLUSTRATRICE :

Lucia Calfapietra

FRANCE
@LUCIACALFAPIETRA

Lucia est une artiste italienne qui vit à Marseille. J'aime son univers graphique qui remet au goût du jour des trésors vintage. Vous pouvez retrouver ses illustrations dans des magazines, livres – notamment des ouvrages jeunesse – et sur des packagings.

Carole : Quelles sont tes habitudes pour dessiner ?
Lucia : Je travaille chez moi, dans la même pièce que mon compagnon, qui est graphiste. En ce moment, on se relaie pour pouvoir garder notre bébé à tour de rôle, donc le temps de travail est limité ! En général, je mets des écouteurs avec une compile lo-fi. Je travaille à la tablette graphique sur Photoshop mais j'ai plein de carnets de différentes tailles à côté pour pouvoir croquer des idées rapidement.

Carole : Qu'est-ce qui t'inspire ?
Lucia : Je suis fan de packagings, j'arpente les supermarchés étrangers quand je voyage et j'aime les reproduire en dessins. Il y a quelque temps, j'ai aussi décidé de créer une série d'illustrations de contenants imaginaires, dont des confitures.

*Si Lucia était un fruit, elle serait **une myrtille**, petite mais goûteuse, douce et acide !*

PLANTE :
Avocatier

NOM LATIN :
Persea americana

PÉRIODE DE RÉCOLTE :
Septembre-décembre (au Mexique, le plus grand producteur mondial).

RENDEMENT POUR UN ARBRE :
150-250 kg par an.

VARIÉTÉS :
Hass, Fuerte, Ettinger, Nabal, Lula.

Avocat

L'avocat, c'est LE fruit de la corbeille de fruits, c'est-à-dire celui qui est très à la mode en ce moment.
Il est extrêmement populaire dans le monde entier. Petite, je détestais le goût de l'avocat. Sa texture crémeuse ne me tentait pas du tout mais mon mari a su m'épater avec un avocado toast bien citronné, salé et avec une pointe de piment. Une fois convaincue, j'ai voulu en manger en quantité mais j'ai rapidement découvert que ce fruit plein de nutriments, souvent recommandé dans les rééquilibrages alimentaires, est une catastrophe en matière d'écologie. Pour produire un kilo d'avocat, il faut entre 600 et 1 000 litres d'eau, et sa culture intensive peut entraîner de la déforestation et beaucoup de gaspillage étant donné que ce fruit supporte assez mal le voyage.
Celui qui a d'abord été considéré chez nous comme un produit de luxe, alors qu'il est surnommé « le beurre du pauvre » en Amérique du Sud pour sa richesse nutritive, est aujourd'hui en surproduction. Au Kenya, c'est même « le nouveau pétrole vert » car, selon le *New York Times*, la récolte d'un seul arbre rapporte à un Kenyan de quoi payer les frais de scolarité de son enfant pendant un an dans un établissement privé.
Alors, nous arrivons à la question fatidique : est-il possible de le cultiver chez nous en France ? Nous avons tous en tête le noyau d'avocat que l'on doit piquer et poser sur de l'eau. Ça paraît simple comme un jeu d'enfant. Pourtant, ne vous attendez pas à une série de guacamoles issue de votre plantation de fortune. Supportant mal le froid, l'avocatier sera cultivé comme une plante d'intérieur, sauf si vous habitez le pourtour méditerranéen, seul climat favorable à sa fructification.

L'ILLUSTRATRICE :

Amélie Dubois

FRANCE

@MAISON.MOCHE

Attention, la spontanéité et l'humour débarquent dans votre vie. Si vous choisissez d'afficher une illustration de Maison moche, c'est la garantie de ne pas oublier l'enfant qui sommeille en vous. Amélie cultive cette candeur en assemblant du papier et en s'occupant d'enfants.

Carole : Comment aimes-tu travailler ?
Amélie : Je déteste travailler sur un bureau face à un mur. J'aime être sur ma table de cuisine. J'alterne entre écouter les Beatles et des filles raconter leur vie sur YouTube. En tout cas, je préfère travailler avec un bruit de fond et la fenêtre ouverte pour profiter de la vie des voisins. Je fais rarement de brouillon, je découpe directement dans le papier sans définir mes formes au crayon. Je chine tout le temps des papiers, je peins des aplats de couleur, puis je les assemble.

Carole : Et pour cette illustration spécifiquement ?
Amélie : Quand tu m'as téléphoné, j'étais dans un marché de créateurs et j'ai tout de suite voulu commencer sur un coin de table à réfléchir.

Si Amélie était un fruit, elle serait ***une fraise*** *parce que c'est un bon prétexte pour déguster de la chantilly !*

Plante :
Manguier

Nom latin :
Mangifera indica

Période de récolte :
Mai-juillet (en Inde, le plus grand producteur mondial).

Rendement pour un arbre :
100 kg par an.

Variétés :
Tommy Atkins, Kent, Amélie, Zill.

Mangue

Derrière la chair dorée de la mangue se cache une vieille dame… née il y a plus de 4 000 ans en Inde ! Originaire d'Asie du Sud, *Mangifera indica* est un arbre sacré dans la culture hindoue. Il symbolise la prospérité, l'amour et la fertilité. Les premiers récits qui mentionnent la mangue remontent à 2000 av. J.-C. C'est au XVIe siècle que les Portugais, l'exportent vers l'Afrique et le Brésil. Aujourd'hui, la mangue est cultivée dans plus de 100 pays, de la Floride aux Philippines, et même… dans quelques recoins de la France métropolitaine (Provence et Corse). Pour fructifier, le manguier a besoin d'un environnement chaud, humide et ensoleillé. Il aime les sols drainants, légers et sablonneux. Veillez à ne pas le laisser dans une humidité stagnante. Plantez-le au printemps et revenez dans quelques années : un manguier issu de semis met entre 5 et 8 ans à donner des fruits. Pour gagner du temps, préférez acheter un plant greffé. Sous un climat tropical, la récolte a lieu entre mai et septembre. Dans une serre ou une véranda en France, cela dépend de l'ensoleillement. Le fruit doit être coloré, souple au toucher et se détacher facilement. Si la peau reste un peu verte, ce n'est pas un problème puisque la mangue continue de mûrir après la cueillette. Si vous n'habitez pas une région ensoleillée, le manguier peut être simplement cultivé en pot pour ses qualités ornementales, sans espérer obtenir de floraison ou de fructification. Il existe plus de 1 000 variétés de mangues dans le monde. Reste à savoir ce que l'on fera de la mangue une fois mûre : la mixer en smoothie, la glisser dans un curry doux ou la faire rôtir avec un peu de citron vert. Le plus difficile, finalement, ce sera peut-être de choisir.

L'ILLUSTRATRICE :

María Luisa Vicente Galán

ARGENTINE

@MALUVICENTE.ARTE

María Luisa cultive un lien particulier avec l'aquarelle. Ce médium l'aide à créer mais aussi à davantage se connaître et à tempérer son caractère ! L'aquarelle faisait partie de sa formation d'architecte mais elle a pris au fil des ans plus de place dans sa vie.

Carole : Quel est ton processus créatif ?
María Luisa : Pour cette illustration, j'ai commencé par un temps de contemplation. J'aime commencer à peindre dans le silence. Je me connecte à ce que je vois et à ce que cela éveille en moi. La mangue a une présence vibrante. Je suis attirée par sa forme généreuse et arrondie, et par ses couleurs, qui vont du vert au jaune puis au rouge, avec des transitions presque liquides. C'est fascinant la manière dont sa peau capte la lumière !

Carole : Était-il difficile de peindre la mangue ?
María Luisa : Chaque aquarelle est un nouveau défi. Même si j'ai déjà dessiné le sujet plusieurs fois, il y a toujours une émotion nouvelle. Il y a la magie de l'eau qui décide, on ne peut pas la contrôler. C'est une leçon quotidienne. Ça rend chaque œuvre unique, et l'apprentissage infini.

Si María Luisa était un fruit, ce serait ***une figue****. Elle aime sa capacité à surprendre ceux qui prennent le temps de l'apprécier.*

Blackberries

Mûre

PLANTE :
Mûrier ou ronce sauvage

NOM LATIN :
Morus alba

PÉRIODE DE RÉCOLTE :
Août-septembre.

RENDEMENT POUR UN ARBRE :
5-15 kg par rang et par an.

VARIÉTÉS :
Loch Ness, Black Butte, Helen, Waldo.

HYBRIDES :
Boysenberry, Tayberry, du Japon, Marionberry.

Mes vacances ont le goût des mûres. Le long des chemins oubliés, en Ardèche, c'est un rituel de ramasser ces trésors.
Cette gourmandise sauvage, je la partage désormais avec mes enfants.
J'aime tellement voir leur joie quand ils m'offrent une mûre attrapée sur la pointe des pieds, du bout des doigts tachés de violet (le sucre). Ces petits fruits sombres sont définitivement pour moi une boîte à musique remplie de soleil et de souvenirs.
La mûre, c'est un petit miracle de la vie. Elle a ce charme de l'indomptable : elle pousse là où elle se sent bien, et parfois c'est assez inattendu.
Elle traverse les siècles avec discrétion mais constance. Présente dans l'alimentation humaine depuis la préhistoire, elle nous accompagne dans nos assiettes – c'est un formidable antioxydant – et dans nos jardins. Cette ronce fruitière est un arbuste grimpant. Ses feuilles sont caduques ou semi-persistantes selon les variétés. De petites fleurs blanches poussent au printemps (de mai à août) pour laisser place en août à des fruits composés de drupéoles passant du vert au rouge, puis au noir brillant à maturité. Les mûres nous régalent, mais elles sont aussi très utiles pour de nombreuses espèces animales, leurs haies impénétrables servant de refuge. Si vous souhaitez en installer chez vous, sachez que la variété 'Triple Crown' donne de gros fruits et que le mûrier 'Reuben' n'a pas d'épines. J'aimerais beaucoup goûter le 'Tayberry', qui donne un fruit entre la framboise et la mûre.

L'ILLUSTRATRICE :

Maude Caldecott

ANGLETERRE
@MAUDE_MADE

Il est facile de dire que le travail de Maude est rempli de douceur. Mais pour cette illustration, il y a un supplément de tendresse que je dois vous révéler : elle a réalisé ce dessin avec une main tenant un pinceau et l'autre posée sur le ventre d'Hubert, son bébé. Je vous invite à découvrir la finesse de ses recherches botaniques, notamment ses dessins sur céramique pour les salles de bains !

Carole : Comment as-tu réalisé ton dessin ?
Maude : J'ai utilisé de la peinture, plus précisément de la peinture à l'émulsion. Pour reproduire cette branche, je me suis inspirée de feuilles de mûrier que j'ai observées en photo et aussi dans les haies et les champs près de chez moi. J'aime les couleurs prises par les baies en mûrissant.

Carole : Pourquoi aimes-tu autant dessiner la nature ?
Maude : Fruits et légumes font partie des plus belles créations de Dieu. J'aime particulièrement peindre les haricots 'borlotti' – on dirait qu'ils ont été éclaboussés de peinture, c'est fascinant. Quand je vois quelque chose de beau, j'ai envie de le capturer et de le préserver…
Alors dessiner, c'est une manière d'y parvenir. C'est aussi une forme de reconnaissance, une façon d'honorer ce que j'observe.

*Si Maude était un fruit, elle adorerait être **une fraise** !*

Tomate

PLANTE :
Plant de tomates

NOM LATIN :
Solanum lycopersicum

PÉRIODE DE RÉCOLTE :
Juin-octobre.

RENDEMENT POUR UN ARBRE :
5-15 kg par an.

VARIÉTÉS :
Tomates cerises, italiennes, anciennes, Cœur de bœuf.

La tomate, c'est l'histoire d'un *bad buzz* avant l'heure. À son arrivée en Europe, on la soupçonnait d'être vénéneuse. Trop rouge, trop brillante, trop séduisante. Les Italiens, eux, l'ont baptisée *pomodoro*, la « pomme d'or », et lui ont immédiatement accordé leur confiance.
En France, ce fruit est considéré comme diabolique car les botanistes ont indiqué qu'il s'apparentait à la mandragore, une herbacée vivace dont la racine était utilisée par les « sorcières ». Il faut attendre la Révolution française pour que la tomate gagne l'estomac des Français grâce aux Provençaux montés à Paris pour la fête de la Fédération, en 1790. Originaire des hauts plateaux des Andes, la tomate débarque sur les rivages européens au XVIe siècle, apportée par les conquistadors espagnols et portugais qui étaient partis explorer le Nouveau Monde. Les Espagnols s'essaient à sa culture dès 1530, dans le Sud du pays, puis c'est au tour des Italiens. Côté variétés, c'est bien plus que « 50 nuances de rouge » ! Il existe des tomates blanches, jaunes, noires, rayées, et même bleues, comme l'étonnante 'Osu Blue'. Pour les planter, tout est une question de timing et de variété. Les tomates précoces, comme la 'Siberian' ou la 'Stupice', sont idéales pour les régions au climat plus frais ou pour les jardiniers pressés : elles se sèment tôt, dès février-mars, sous abri, et se récoltent parfois dès juin. Les variétés plus tardives, par exemple 'Cœur de bœuf' ou 'Ananas', demandent plus de patience mais offrent des fruits généreux et savoureux jusqu'à l'automne. Attendez la fin des gelées pour les planter en pleine terre, offrez-leur un sol riche, du soleil à volonté, un bon tuteur, et elles vous remercieront par leur abondance.

L'ILLUSTRATRICE :

Sara Hagale

ÉTATS-UNIS
@SHAGEY_

Sara aime donner vie aux fruits et cela pour notre plus grand plaisir ! Elle aime le fait que l'on puisse s'identifier émotionnellement à une orange ou une tomate. Elle s'amuse à leur prêter une forme de conscience, créant ainsi des personnages tendres et décalés.

Carole : Comment est née cette illustration qui a rencontré un grand succès sur Instagram ?
Sara : « Tomato Girl » m'a été soufflée par la douce brise estivale. J'ai utilisé du graphite et des crayons de couleur. Les fruits sont simplement « délicieusement » visuels. Ils sont si colorés, avec des formes et tailles variées, qu'ils sont très amusants à dessiner.

Carole : Un mot sur ton parcours.
Sara : J'ai toujours aimé créer ! De la figurine en pâte polymère en passant par des animaux en origami, et bien sûr des dessins, j'aime imaginer et donner vie. J'ai étudié le design graphique à l'université d'Auburn (Alabama). Lors de mon premier emploi dans une agence de pub, je dessinais pendant ma pause. J'ai commencé à poster sur Instagram, et c'est là que j'ai pris confiance en moi en tant qu'artiste !

Si Sara était un fruit, elle serait ***une myrtille*** *: agréable, ronde, petite.*

PLANTE :
Vigne cultivée

NOM LATIN :
Vitis vinifera

PÉRIODE DE RÉCOLTE :
Septembre-octobre.

RENDEMENT POUR UN ARBRE :
10-11 kg par an pour le raisin de table.
1-2 kg par an pour le raisin de cuve.

VARIÉTÉS :
Buckland Sweetwater, Dornfelder, Brandt, Flame.

Raisin

Le raisin, c'est le fruit des dieux. C'est aussi celui de Cléopâtre, qui s'en servait en masque de beauté, en mélangeant des raisins verts et du miel. Ses antioxydants en font un allié précieux en cosmétique. C'est aussi l'une des plus anciennes plantes cultivées par l'homme. Elle traverse les âges et continue de nous accompagner au quotidien, bien au-delà de la salle de bains. En jus, en vin, en confiture, en grappe ou séché, le raisin s'invite aussi bien dans un tajine que dans un clafoutis. Symbole de fête, de joie et parfois d'ivresse, il a plus d'un visage. Côté jardin, la vigne se plante à l'automne ou au tout début du printemps. Espacez les pieds de 1,5 à 3 mètres pour une bonne aération. Peu exigeante sur la nature du sol, la vigne préfère néanmoins les terrains bien drainés. Elle demande une taille chaque hiver : laissez quelques bourgeons sur chaque sarment. Quant à l'exposition, visez plein sud ou sud-est : la chaleur est la clé pour un raisin de table réussi. Le nombre de variétés est considérable. Parmi tous les raisins de table, les chasselas sont très cultivés. Celui que vous ne connaissez peut-être pas, c'est le chasselas 'Rose Royal', avec des grains teintés de rose. J'aimerais avoir ma propre tonnelle à raisin. Ce charme un peu désuet me touche. J'y ferais courir du 'Muscat de Hambourg' : un raisin noir au goût très sucré. Et cette année, promis, je penserai à manger douze grains de raisin à minuit le 31 décembre. Une tradition espagnole qui porte bonheur pour les douze mois à venir.

L'ILLUSTRATRICE :

Astrid Wilson

SUÈDE
@ASTRIDWILSON

Astrid vit à Stockholm. L'une des choses que j'aime dans son travail, c'est sa série de très belles affiches fleuries *Flower market.* Être illustratrice était sa destinée : sa mère est designer textile. Elle baigne donc depuis toujours dans un univers créatif.

Carole : Comment cette illustration est-elle née ?
Astrid : Les raisins font partie de mes fruits favoris, tant à déguster qu'à croquer. J'ai donc mêlé mon imagination à des images de référence pour construire la composition grâce à l'outil numérique.

Carole : As-tu rencontré des difficultés pour ce dessin ?
Astrid : Oui, les raisins sont un peu délicats à dessiner, car leur forme requiert de nombreux niveaux de lumière et d'ombre. Après, j'aime leur capacité à adopter mille formes grâce à la mobilité de leur grappe modulable.

Carole : Quelle sera ta prochaine illustration après ce raisin ?
Astrid : Je suis attirée aussi bien par les fleurs que par les fruits, qui partagent une même beauté organique. Mon prochain dessin sera sans doute… une fleur, mais toujours avec la même approche vivante et colorée !

*Si Astrid était un fruit, elle serait **une cerise** ! Elle adore sa saveur dans les bonbons, les glaces ou les boissons.*

PLANTE :
Arbre à kiwi.

NOM LATIN :
Actinidia deliciosa

PÉRIODE DE RÉCOLTE :
Octobre.

RENDEMENT POUR UN ARBRE (ÂGÉ DE 7 ANS) :
10-15 kg par an.

VARIÉTÉS :
Issai, Arctique.

Kiwi

Le kiwi, c'est l'histoire d'une méprise et d'une belle revanche botanique : on le croit tropical, il aime les hivers froids. On l'imagine fragile, il grimpe avec fougue. Et derrière sa peau peu alléchante, il cache une chair émeraude gorgée de vitamine C.
Ce fruit porte le nom d'un oiseau néo-zélandais. Pourtant, il est chinois d'origine. Depuis des millénaires, le kiwi sauvage pousse dans la vallée du Yangzi Jiang, et c'est au début du xxe siècle qu'une institutrice néo-zélandaise, Isabel Fraser, ramène quelques graines de Chine à Wellington. Les plants s'adaptent au climat tempéré, s'épanouissent, et une nouvelle variété voit le jour : plus grosse, plus sucrée, plus résistante. Elle est commercialisée dès les années 1950 sous un nouveau nom, inspiré de l'emblème national : le kiwi.
Pour cultiver des kiwis chez soi, il faut de la place, une structure solide (pergola, treille, fil de fer tendu) et de la patience. L'arbre à kiwi met du temps à donner mais ensuite, il ne s'arrête plus. Une fois installé, il peut vivre plus de 30 ans. On le plante au printemps ou à l'automne. Il lui faut une exposition abritée des vents et un sol riche, légèrement acide et bien drainé. Comme il est dioïque, si l'on veut avoir des fruits, il faut un pied mâle pour cinq à six pieds femelles. Comptez un espacement de 3-4 mètres entre eux. Je termine en vous rappelant que même si on imagine toujours le kiwi vert, il en existe aussi un jaune et, c'est surprenant, un rouge, connu sous le nom de « kiwi de Sibérie » ou « kiwaï ».

L'ILLUSTRATRICE :

Stéphanie Bidault

FRANCE
@LECERISIERBLANC

Ce kiwi est un choix collectif. Je voulais offrir une page à une illustratrice que je ne connaissais pas, laisser une chance à l'imprévu. J'ai reçu plein de propositions, et c'est celle de Stéphanie que ma communauté a préférée. J'en suis ravie !

Carole : Comment as-tu donné naissance à ce kiwi ?
Stéphanie : Avant de tracer la moindre ligne, je me suis plongée dans l'univers de cette plante en cherchant un maximum de documentation sur internet et en étant attentive à chaque détail : la grâce de ses fleurs, le nombre précis de leurs pétales, la texture des feuilles, les courbes douces du fruit et son aspect duveteux.
J'ai dessiné au feutre très fin noir sur du Bristol. J'aime l'imperfection d'un trait de dessin fait à la main sur du papier. Ensuite, j'ai numérisé l'illustration pour la mettre en couleur.
J'ai pris soin de sélectionner une palette harmonieuse, fidèle aux nuances naturelles de ce fruit, tout en y apportant ma touche personnelle, limitée à trois couleurs, avec du beige en complément.

Si Stéphanie était un fruit, elle serait ***une poire****, pour son parfum subtil, presque floral, et la douceur de sa forme généreuse qui suggère l'harmonie.*

P de Contenson

PLANTE :
Courgette

NOM LATIN :
Cucurbita pepo

PÉRIODE DE RÉCOLTE :
Juillet-octobre.

RENDEMENT POUR UN ARBRE :
3-5 kg par an.

VARIÉTÉS :
Grisette de Provence, Defender, Gold Rush, Romanesco.

Courgette

Même si on la cuisine comme un légume, la courgette est bien un fruit, d'un point de vue botanique. Comme la tomate ou le concombre, elle provient d'une fleur fécondée. Plus précisément, elle pousse à partir de l'ovaire de la fleur femelle une fois pollinisée. Cette cucurbitacée est considérée comme facile à cultiver…
à condition que vous lui offriez une terre bien travaillée, riche et amendée en compost ! Madame a ses exigences : il lui faut à la fois beaucoup de soleil et un arrosage régulier au pied sans que ses feuilles soient mouillées. Elle a tout compris de la vie ! On la sème ou on la plante après les dernières gelées, en espaçant bien chaque pied d'au moins 1 mètre.
Pour obtenir des fruits, il faut une pollinisation naturelle, c'est-à-dire que les abeilles transfèrent le pollen des fleurs mâles vers les fleurs femelles. Mais quand ces butineuses se font rares ou que le temps est humide, le jardinier peut intervenir manuellement : il suffit de cueillir une fleur mâle, d'en retirer les pétales et de frotter délicatement son cœur (l'étamine) contre le pistil de la fleur femelle. Et côté cuisine ? La courgette est un caméléon : crue, sautée, farcie, en flan, en soupe, en gâteau même… elle est partout ! En tant que Niçoise, je vous donne la recette des *bignetas dé flou de congourdéta* – des beignets de courgettes ! Pour faire la pâte de deux douzaines de beignets, mélangez 250 g de farine, 3 œufs, un grand verre de lait, une cuillère à soupe d'huile et un demi-paquet de levure alsacienne. Ajoutez du sel, du poivre et mélangez. Enrobez chaque fleur de courgette de pâte. Plongez-les ensuite dans de l'huile très chaude. C'est un délice.

L'illustratrice :

Philippine de Contenson

FRANCE
@dessine.moi.une.fleur

J'ai rencontré Philippine sur un toit parisien pour un reportage sur le safran. Avec ses sœurs, Elle a développé des safranières en plein cœur de Paris. C'est là que j'ai appris qu'elle avait une autre passion : l'aquarelle.

Carole : Qu'est-ce qui t'a plu dans la courgette ?
Philippine : Déjà, j'ai découvert que c'était un fruit !
Et il est très intéressant.
La fleur de courgette est puissante, sa couleur est franche et déterminée. Pour honorer cette merveille de la nature, j'ai utilisé la luminosité et la douceur de l'aquarelle. Sur papier sec, elle permet de conserver des couleurs intenses et puissantes, parfaites pour apporter le brillant de la courgette et une translucidité nécessaire pour la finesse des pétales de sa fleur.

Carole : Dans quel contexte cette illustration est-elle née ?
Philippine : Lorsque je commence à peindre, je mets de la musique, j'ouvre la fenêtre et je me prépare une tisane parfumée. Comme mon atelier est au cœur du foyer, bien souvent, un de mes enfants s'installe pour lire ou dessiner à côté de moi. Je peux rester ainsi plusieurs heures, sans lever la tête de mes pinceaux. C'est paisible.

*Si Philippine était un fruit, elle serait **une figue** !*
Pour la gourmandise, la générosité et le parfum !

Figue

PLANTE :
Figuier

NOM LATIN :
Ficus carica

PÉRIODE DE RÉCOLTE :
Juillet-septembre pour les figuiers d'intérieur. Mai-juin et septembre-octobre pour ceux d'extérieur.

RENDEMENT POUR UN ARBRE :
15-80 kg par an

VARIÉTÉS :
Brunswick, Rouge de Bordeaux, Panaché, Violetta.

Adam et Ève se sont vêtus de feuilles de figuier. Alors, pourquoi pas une figue pour incarner le fruit défendu ?
La figue est un symbole biblique mais aussi sacré de l'Antiquité. Pour les Égyptiens, elle symbolisait la fertilité. Elle a été vénérée tout au long de notre grande histoire : les Grecs l'offraient à Dionysos, les Romains en raffolaient.
Le figuier pousse là où d'autres arbres renoncent : sur des pentes arides par exemple. Il a besoin de chaleur, certes, mais il résiste au froid bien mieux qu'on ne le croit, jusqu'à -15 °C pour certaines variétés bien acclimatées. Il aime les sols profonds, bien drainés, mais accepte les terres caillouteuses et pauvres. Si vous souhaitez lui offrir un gîte, plantez-le entre l'automne et le printemps, en dehors des périodes de gel. Il doit être installé plein sud, à l'abri des vents froids. Arrosez-le les premières années, le temps que son système racinaire s'installe.
La taille n'est pas indispensable, mais elle permet de stimuler sa production. En pot, il demande plus d'attention mais il s'y prête très bien, notamment dans les régions aux hivers rudes.
Le figuier produit généralement deux récoltes : une première, dite « figues fleurs », en juin-juillet, et une seconde, plus généreuse, en août-septembre. Mais attention : certaines variétés ne produisent qu'une seule fois dans l'année, et d'autres... ne donnent des fruits qu'en présence du fameux blastophage, ce minuscule insecte pollinisateur indispensable à la fécondation de certaines variétés. Heureusement, les variétés dites parthénocarpiques (autofertiles) n'en ont pas besoin.

L'ILLUSTRATRICE :

Léa Maupetit

FRANCE
@LEAMAUPETIT

Peut-être avez-vous déjà croisé le travail de Léa puisque c'est une illustratrice prolifique et touche-à-tout. Elle prête ses crayons aussi bien à l'édition qu'à la presse, en passant par le textile.

Carole : Comment ce dessin est-il né ?
Léa : C'est un souvenir très précis que je garde, de vacances dans le Sud de la France. Nous avions loué, une sublime maison dans les vignes. Il y avait un jardin magnifique avec un tilleul centenaire, des lauriers roses et un figuier qui nous donnait des figues chaque matin. C'était une merveille !

Carole : Qu'est-ce qui t'inspire ?
Léa : Toutes ces couleurs m'ont inspirée, j'ai vu un jeu de ping-pong entre le rose du laurier, le vert du jardin et le violet profond des figues. J'ai l'impression d'attendre toute l'année ces moments de chaleur et de fruits.

Carole : Comment travailles-tu habituellement ? As-tu une routine pour tes dessins (musique, endroit de création…) ?
Léa : Je suis entourée des images que j'aime, je pioche dans mon classeur à couleurs des inspirations. La plupart du temps, je travaille dans mon mini-atelier, chez moi, mais je voyage aussi avec de quoi peindre.

*Si Léa était un fruit, elle serait **une figue** !*
Ça tombe bien, n'est-ce pas ?

ALORS ON LUI DEMANDA MAINTES ET MAINTES FOIS POURQUOI ?
LA REPONSE, TOUJOURS LA MEME, EN UN MOT : PASSION

PLANTE :
GRENADILLE, PASSIFLORE OU MARACUJA

NOM LATIN :
PASSIFLORA EDULIS

PÉRIODE DE RÉCOLTE :
AOÛT/FIN D'ÉTÉ - OCTOBRE (AU BRÉSIL, LE PLUS GRAND PRODUCTEUR MONDIAL).

RENDEMENT POUR UN ARBRE :
10-20 KG PAR AN.

VARIÉTÉS :
VIOLET, JAUNE, GRENADILLE DOUCE, GRENADILLE GÉANTE.

Passion

Il y a des fruits qui séduisent, d'autres qui intriguent. Et puis il y a le fruit de la passion, qui fait tout en même temps. Avec son nom évocateur et sa pulpe acidulée, il évoque l'exotisme, le mystère… et même la spiritualité.
Originaire du Brésil, le fruit de la passion est issu d'une liane appelée *Passiflora edulis*. Ce sont les missionnaires espagnols qui, au XVIe siècle, en découvrant cette plante, lui ont donné le nom de « passiflore », en référence à la Passion du Christ. Les dix pétales et sépales représentent les apôtres fidèles, les filaments la couronne d'épines, les cinq étamines les plaies du Christ.
Au-delà du symbole religieux associé au fruit de la passion, je vois une leçon de sagesse. Cette petite sphère pourpre ou jaune ne se déguste pas quand sa peau est lisse et ferme. Non, non, il faut attendre que sa peau vieillisse et se plisse. Pour une fois, ce n'est pas la jeunesse ou la perfection qui fait la valeur.
On raconte que le fruit de la passion est aphrodisiaque, énergisant. C'est une plante grimpante généreuse, qui apprécie les sols bien drainés, riches en humus. Elle peut être cultivée en pleine terre dans les régions douces (comme le Sud de la France) ou en pot dans une véranda ailleurs. Pour favoriser la fructification, il peut être utile de pratiquer la pollinisation manuelle à l'aide d'un pinceau, en transférant le pollen d'une fleur à l'autre. Et surtout : arrosez-la régulièrement, palissez ses tiges et taillez-la après la récolte pour stimuler sa vigueur. Si elle se plaît, elle peut devenir exubérante et vous offrir une floraison spectaculaire. Choisissez *Passiflora edulis* pour la production de fruits comestibles ; mais si votre objectif est purement ornemental, optez pour la plus rustique *Passiflora caerulea*.

L'ILLUSTRATRICE :

Laura Giraud

BELGIQUE
@NUITEEJOUR

Laura est une artiste multitalents. Aussi à l'aise en découpage qu'en dessin ou dans les arts numériques, elle apporte douceur et caractère à tout ce qu'elle touche.

Carole : Comment ce dessin est-il né ?
Laura : Comme toujours, je commence par étaler mon matériel et mes idées, et j'expérimente dans mon carnet de recherches : j'essaie de dessiner tout ce qui me passe par la tête en pensant au fruit de la passion. Je fais en sorte de récolter beaucoup de matière. Je laisse les croquis et taches de couleurs se répandre sur mes pages puis je scanne le tout. Une fois que tout est découpé numériquement, je crée des assemblages assez instinctifs. Cela peut prendre plusieurs heures pour positionner, assembler, effacer, remplacer, ajuster… C'est, je crois, ma partie préférée. J'ai voulu créer une sorte de palette passion : fragmenter ce que l'on imagine de ce fruit : ses graines intrigantes, ses feuilles et sa coque pourpre selon différentes techniques.
C'était un véritable challenge car c'est un fruit difficilement reconnaissable s'il n'est pas coupé. J'étais à Bruxelles, chez moi, pour la création de ce dessin. J'étais donc heureuse de ramener un peu des tropiques à mon bureau !

*Si Laura était un fruit, elle serait **un abricot** !*

BEACH

Pastèque

PLANTE :
Plant de pastèques

NOM LATIN :
Citrullus lanatus

PÉRIODE DE RÉCOLTE :
Juin-septembre.

RENDEMENT POUR UN ARBRE :
1,5-2 fruits par an.

VARIÉTÉS :
Alana, Catherine, Céline, Crispeed.

Quand je pense « pastèque », j'imagine forcément une grande tablée d'été. Ce fruit rafraîchit les conversations et soude les souvenirs. Un couteau, une grande planche, une pastèque : il n'en faut pas plus pour faire un festin. La pastèque est économique, simple et a toujours un petit goût de fraternité.
On l'aime crue, bien sûr, mais pourquoi s'arrêter là ? Elle peut être transformée en gaspacho sucré, marinée à la feta et à la menthe, ou encore préparée en granité.
Pour sa culture, la pastèque demande du soleil et de l'espace. Elle aime les terres riches, enrichies en compost, bien drainées, et déteste avoir froid aux pieds. C'est une vagabonde qui aime s'étendre. Il faut lui laisser du champ, et du temps.
Il faut compter au moins quatre mois avant de la déguster.
La plantation de pastèque se fait à partir de plants déjà germés.
Le semis se fait de mars à avril, quand la température est douce, en serre ou sous châssis, avec trois graines dans un godet.
Au bout de quelques semaines, quand la terre est plus chaude, vous pouvez planter. Il faut veiller à un arrosage régulier, voire quotidien. Chaque plante va étirer ses longues tiges à la recherche de chaleur. Quand les fleurs femelles apparaissent, vous pouvez couper les tiges qui n'en comportent pas pour aider la plante à se concentrer sur les futurs fruits.
L'âge de la pastèque est estimé entre 5 000 et 8 650 ans. Cultivée dès l'Antiquité en Égypte, elle a voyagé le long du Nil avant de rejoindre la Chine.
On dénombre aujourd'hui près de 480 variétés de pastèques.
Mais le plus étonnant reste sans doute ces pastèques en forme de cube ou de cœur, élevées au Japon à l'aide de moules.
Ces curiosités sont destinées à une clientèle fortunée mais peu gourmande, puisqu'elles sont uniquement décoratives !

L'ILLUSTRATRICE :

Fanny Menoret

FRANCE
@FANNYMENORET

Grâce à mes lives sur Instagram, qui me permettent de faire des *home tours*, j'ai eu la chance de jouer à la petite souris et de découvrir la maison et le bureau de Fanny. Alors, j'aime l'imaginer au milieu de tous ses papiers colorés, en train de créer avec la radio en fond. Ses compositions donnent le sourire et de l'énergie pour la journée.

Carole : Comment cette création est-elle née ?
Fanny : Ce dessin est né dans le train qui m'emmenait de Paris à La Rochelle. Je pensais aux vacances et à l'été. Ce fruit me rappelle mon enfance, la plage, les buffets des villages vacances, les robes t-shirts et le sel sur la peau. J'ai d'abord peint des papiers avec de la gouache et de l'encre, puis je les ai découpés et j'ai réalisé un collage d'après un dessin que j'ai imaginé.

Carole : Qu'est-ce qui t'inspire dans ton travail ?
Fanny : La nostalgie des années 1990, les gâteaux fous, les grandes fêtes, les moments de joie. Toutes les célébrations. Les couleurs, les fleurs, mes copines.

*Si Fanny était un fruit, elle serait **une fraise des bois**.*

PLANTE :
Ananas cultivé

NOM LATIN :
Ananas comosus

PÉRIODE DE RÉCOLTE :
Octobre-avril (au Costa Rica, le plus grand producteur mondial).

RENDEMENT POUR UN ARBRE :
Un fruit par cycle de 12-18 mois.

VARIÉTÉS :
Victoria, Queen, Cayenne lisse, Bouteille.

Ananas

L'ananas est un élément clé en décoration. On le trouve régulièrement sur des nappes, des papiers peints, des objets décoratifs. En 1493, Christophe Colomb découvre un fruit étrange sur l'île de Guadeloupe, avec une coque hérissée surmontée d'une touffe verte, sucré, juteux, totalement inconnu en Europe. L'ananas devient alors un trophée exotique que l'on rapporte et exhibe comme un trésor. Il devient une allégorie de l'hospitalité dans les cultures anglo-saxonnes. Lors des dîners mondains, les Britanniques plaçaient autrefois un ananas au centre de la table pour accueillir dignement leurs invités. Le fruit n'était pas destiné à être mangé, il représentait plutôt un statut social, un bijou végétal. L'ananas pousse dans les régions tropicales du globe, et dans certaines serres bien chauffées en France. Celui que vous avez sûrement le plus mangé est le 'Cayenne lisse' (celui que l'on trouve le plus souvent en magasin). Il y a aussi le très sucré 'Queen Victoria'.
À la maison, vous pouvez vous lancer dans la culture de l'ananas d'ornement pour apprendre la patience aux enfants ! Pour le bouturer, deux possibilités. Soit vous disposez la couronne d'ananas dans un verre d'eau et, une fois les racines formées, vous plantez en terre. Soit vous déposez directement la couronne feuillue dans un terreau préalablement humidifié, bien drainé, au chaud et à la lumière, en évitant les excès d'eau. Certains jardiniers conseillent aussi d'enlever la première rangée de feuilles pour permettre une ramification plus facile. Selon les conditions de culture, tous les ananas plantés ne donneront pas forcément de fruit mais vous aurez ainsi tenté l'expérience.

L'ILLUSTRATRICE :

Irène Caron

FRANCE
@IRENE.CARON

J'ai repéré Irène en faisant une recherche sur Instagram. Elle n'avait pas dessiné d'ananas mais j'ai su en voyant son travail que ce fruit était pour elle. Comme elle travaille souvent pour des petits producteurs, elle est très à l'aise pour dessiner des fruits.

Carole : Quelle technique as-tu utilisée pour ton illustration ?
Irène : J'ai travaillé avec des crayons de couleur soft aux couleurs intenses, associés à des aplats d'acrylique très diluée, presque comme une aquarelle, et j'ai fait quelques essais à l'encre végétale dans mon carnet. Pour la composition, j'ai fait quelques croquis sur iPad. J'aime deux choses : l'assemblage des textures et quand les projets se construisent en plusieurs étapes.

Carole : Sur quoi t'es-tu appuyée pour dessiner cet ananas ?
Irène : J'ai regardé des photos et des planches botaniques, puis j'ai cherché une traduction simple et graphique, en lien avec une recherche de couleurs, pour retranscrire le goût, les sensations liées à la dégustation. C'est amusant : j'étais justement dans une « période ananas » quand on m'a proposé ce projet. Je les préfère bien acidulés, donc j'ai voulu retranscrire ce goût un peu râpeux sur la langue dans l'illustration.

*Si Irène était un fruit, elle serait **une pomme**.*

ARTHUR VERDIER
Cerise
LA SOLIDARITE PAR LE LIVRE

PLANTE :
Framboisier

NOM LATIN :
Rubus idaeus

PÉRIODE DE RÉCOLTE :
Juillet-octobre.

RENDEMENT POUR UN ARBRE :
2-3 kg par an pour les variétés d'été. 1-1,5 kg par an pour les variétés d'automne.

VARIÉTÉS :
Glen Ample, Octavia, All Gold, Autumn bliss.

Framboise

D'après la légende, la framboise tire son nom du mont Ida, en Crète, où, la nymphe Ida aurait voulu calmer Zeus, alors enfant, en lui cueillant une baie blanche. Elle se serait piquée à une épine, faisant rougir le fruit pour l'éternité.

Ce qui me fait sourire, c'est que j'ai, sans le savoir, toujours eu une image très proche de cette légende dans ma propre vie : j'ai souvent utilisé la framboise pour réconforter mon fils.

Je garde précieusement le souvenir de ces fruits rouges plantés au bout de ses petits doigts potelés, et de son regard gourmand qui découvrait ces merveilles de la nature.

La framboise, c'est un concentré d'enfance : le fruit parfait qui fige un moment, une émotion, un souvenir. C'est aussi ce petit bijou qui vient sublimer un dessert, déposé au centre, sans en avoir l'air.

La framboise, c'est un luxe discret. À l'état sauvage, elle le prouve encore : elle pousse souvent à la lisière des bois, comme si elle hésitait entre rester cachée ou briller aux yeux de tous.

Facile à cultiver, le framboisier s'installe volontiers dans nos jardins. Il s'adapte à tous les types de sol, même s'il préfère ceux riches en matière organique.

Plantez-le à l'automne ou au printemps, à mi-ombre, même si une exposition au nord ne lui fait pas peur.

Il existe deux grandes familles : les remontants (qui fructifient deux fois, en septembre de leur première année, puis en juin) et les non-remontants (qui ne produisent qu'une fois, mais plus abondamment). Et si vous aimez varier les plaisirs sur votre pavlova du dimanche, pourquoi ne pas tenter 'Fall Gold', aux gros fruits jaunes et très généreux, ou encore 'Black Jewel', aux baies noires gorgées d'antioxydants ?

L'ILLUSTRATRICE :

France Bizot

FRANCE
@FRANCEBIZOT

France n'est pas une illustratrice : elle ne cherche pas à illustrer le livre mais c'est le titre qui l'intéresse ! Elle aime détourner les couvertures, qui deviennent ainsi une sorte de journal de bord de sa vie. Cerise est un livre qu'elle avait depuis longtemps et qu'elle a offert à l'une de ses grandes amies qui s'appelle Framboise.

Carole : Quelle technique as-tu utilisée pour ton illustration ?
France : Les crayons de couleur Caran d'Ache.

Carole : Qu'est-ce qui t'inspire ?
France : Beaucoup de choses m'inspirent… mais depuis quelques années je suis fascinée par le « flot » des images quotidiennes sur les réseaux sociaux. J'aime les détourner.

Carole : Quel autre fruit aimerais-tu dessiner un jour, et pourquoi ?
France : J'ai beaucoup dessiné ou peint des citrons. Leur couleur jaune et leur forme simple en font un sujet qui m'attire.

Si France était un fruit, elle serait ***une pomme****, le fruit dont elle ne pourrait jamais se passer.*

Myrtille

PLANTE :
Myrtillier

NOM LATIN :
Vaccinium myrtillus

PÉRIODE DE RÉCOLTE :
Juin-septembre.

RENDEMENT POUR UN PLANT (ÂGÉ DE 4 ANS) :
1,5-2,5 kg par an. Jusqu'à 5 kg par an pour les pieds plus âgés.

VARIÉTÉS :
Berkeley, Spartan, Earliblue, Coville.

La myrtille sauvage est un arbrisseau buissonnant de 20 à 50 cm de hauteur qui offre un festin aux randonneurs, notamment dans les Vosges, les Cévennes, le Massif central et le centre de la Bretagne. En montagne, le myrtillier pousse de 1 500 à 2 300 mètres d'altitude. Il est plutôt heureux dans les terrains acides, à proximité de conifères. Dans les forêts publiques, la cueillette de myrtilles est autorisée dans la limite de 5 litres par personne, pour un usage uniquement familial. Pour la récolte, l'usage du peigne est possible si celui-ci ne dépasse pas une largeur maximale de 20 cm. Si vous voulez être servi de myrtilles à domicile, c'est possible en vous tournant vers les myrtilles cultivées (*Vaccinium corymbosum*), appelées également « bleuets » au Canada. Ces myrtilles d'origine américaine, importées en France au début du XXe siècle, sont beaucoup plus grosses que les myrtilles sauvages et moins goûteuses. Pour votre verger, je vous conseille deux variétés intéressantes. *Vaccinium corymbosum* 'Rubel' est très productif grâce à une croissance plus rapide que les autres myrtilliers. Ses petites baies bleu foncé se récoltent en août. Son feuillage prend de belles couleurs rouges et orange en automne, comme chez la plupart des myrtilliers américains. Et il vous offre de jolies petites fleurs au mois de mai. L'autre est *Vaccinium corymbosum* 'Pink Lemonade', pour son originalité. Ses myrtilles roses et son feuillage d'automne coloré contrastent et séduisent. C'est une plante rustique qui résiste jusqu'à -30 °C et qui se plaît dans les sols acides et humides, à l'abri du vent. Cette variété est autofertile. Mais, d'une manière générale pour les myrtilliers, il est conseillé de planter plusieurs pieds à proximité pour garantir la pollinisation et la fructification.

L'ILLUSTRATRICE :

Émilie Capman

FRANCE

@KLINDOEIL & @PIERRE_FEUILLE_CISEAUX

Émilie est directrice artistique mais elle est aussi, avec sa sœur, à la tête d'un concept store qu'il faut absolument connaître, Klin d'œil. Elles sont d'un grand soutien pour de nombreux artistes et apportent chaque année un souffle d'inventivité à Paris grâce à leur festival.

Carole : Quelle technique as-tu utilisée ici ?
Emilie : Les crayons Luminance de Caran d'Ache, les couleurs sont intenses et le toucher sur le papier très tendre, c'est presque gourmand !

Carole : Comment as-tu opéré pour ton interprétation des myrtilles ?
Emilie : J'ai d'abord regardé dans mon placard toutes mes tasses et bols en céramique. Mon dévolu s'est porté sur ma préférée, de Camille Letoffe, puis j'ai imaginé une nature morte avec la table, les murs colorés, les fleurs… J'aime m'inspirer de ce qui m'entoure, et j'ajoute des éléments graphiques, des motifs textiles.

*Si Émilie était un fruit, elle serait **une framboise** ! Elle adore sa couleur et son goût acidulé.*

Clémentine

PLANTE :
Clémentinier

NOM LATIN :
Citrus × clementina

PÉRIODE DE RÉCOLTE :
Octobre-janvier.

RENDEMENT POUR UN ARBRE :
50-200 kg par an.

VARIÉTÉS :
Oronules, Marisol, Aroufatina, Clemenpons.

Avec un nom qui sent la bonne copine, la clémentine est forcément un agrume que l'on aime. C'est le fruit qui sent Noël, les goûters d'hiver et les défis des épluchures en spirale.
La clémentine serait née par hasard, à l'aube du xxe siècle, dans le jardin d'un orphelinat algérien. C'est le frère Clément, un religieux français installé près d'Oran, qui aurait croisé un mandarinier avec un oranger doux. Le fruit qui en résulte, moins acide que la mandarine, sans pépin (ou presque), est une révélation. L'arbre est vite multiplié, et le nom « clémentine » adopté en l'honneur de son découvreur. Cette version est la plus romantique, car certains botanistes avancent une origine plus ancienne, en Chine.
Si vous rêvez d'avoir votre propre clémentinier, c'est possible ! Mais c'est un arbre frileux. Il lui faut une région au climat doux, sans gelées sévères : le Sud de la France, la façade atlantique protégée ou une serre lumineuse en hiver. Plantez-le au printemps, lorsque tout risque de gelée est écarté, dans un sol léger, bien drainé, en plein soleil. Arrosez-le régulièrement mais sans excès, et pensez à le protéger en hiver si les températures descendent. Le clémentinier peut atteindre 3 à 4 mètres de haut en pleine terre. En pot, il se cultive aussi très bien, à condition de lui offrir une belle lumière et une terre riche. S'il est en appartement, il doit être arrosé tous les jours pour que la terre reste humectée en permanence.
Terminons avec ce rayon de soleil dans la main en rappelant que la clémentine de Corse bénéficie d'une IGP (indication géographique protégée) depuis 2007. C'est une fierté pour l'île de Beauté et une réjouissance qui change le goût de nos hivers.

L'ILLUSTRATRICE :

Chloe Johnson

ÉTATS-UNIS
@COCOSHALOM

Avec cette affiche, vous allez peut-être commencer une collection ! Chloé vend ses illustrations en ligne et propose beaucoup de fantaisie pour vos murs. Sa beauté, sa grâce se prolongent sur papier, et nous embarquent dans un monde plus poétique.

Carole : Comment as-tu créé cette illustration ?
Chloe : J'ai utilisé de la peinture à l'encre acrylique et je me suis inspirée de nombreuses images botaniques de clémentines. Puis j'ai développé ma propre interprétation, en créant une composition originale avec un jeu de symétrie, un clin d'œil à l'art populaire qui revient souvent dans mon travail.

Carole : Qu'as-tu ressenti en peignant ces clémentines ?
Chloe : J'ai vraiment pris plaisir à peindre ces fruits, notamment les fleurs de clémentinier, ainsi que les petits creux et la texture de leur peau. J'utilise rarement la couleur orange, donc c'était un défi amusant de travailler avec une teinte nouvelle et différente pour moi !

Si Chloé était un fruit, elle serait ***une grenade****. C'est un fruit unique, complexe, vibrant et plein de surprises !*

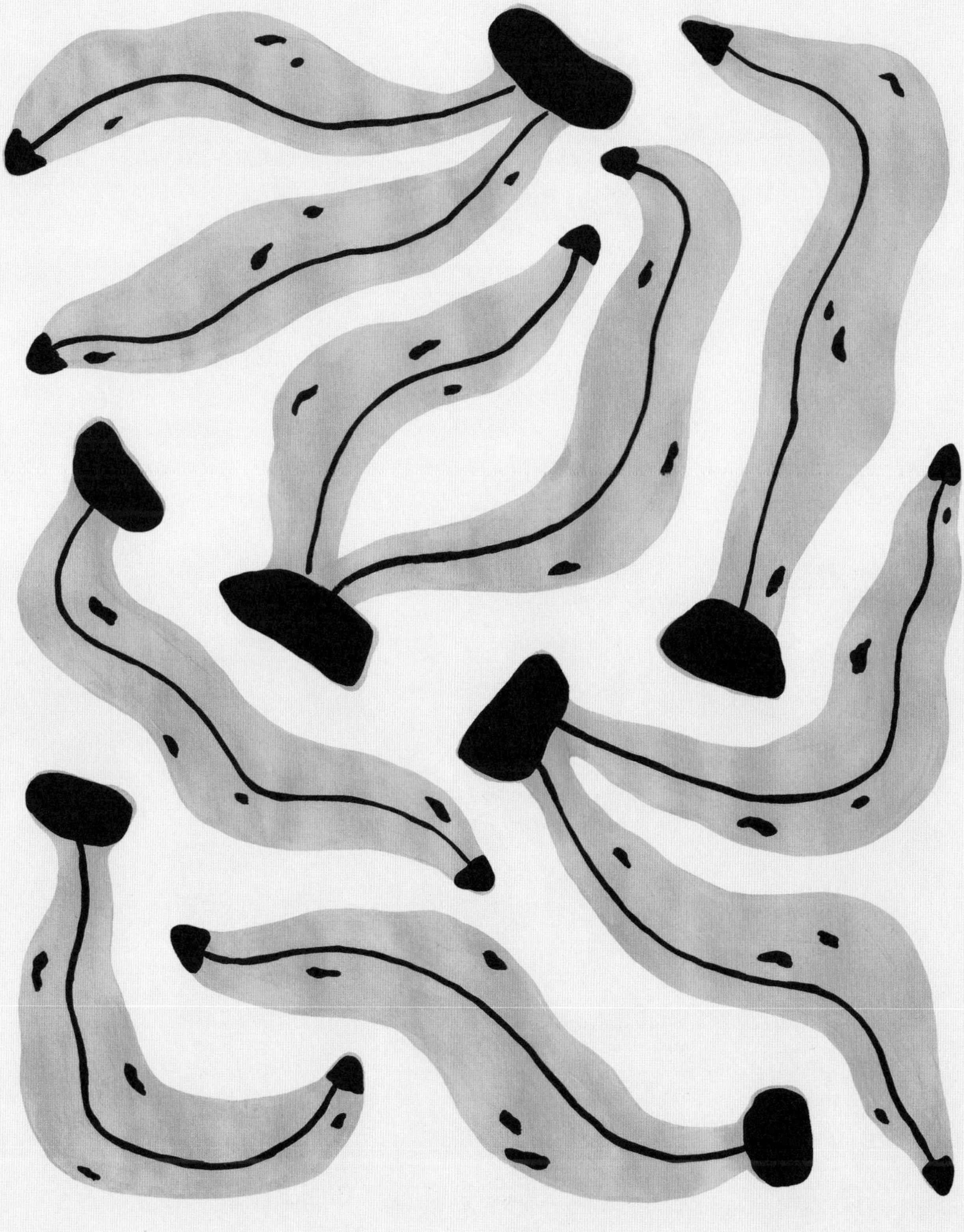

PLANTE :
Bananier

NOM LATIN :
Musa

PÉRIODE DE RÉCOLTE :
Juillet-septembre / Janvier-février pour les plants retardataires (en Inde, le plus grand producteur mondial).

RENDEMENT POUR UN ARBRE :
20-35 kg par an.

VARIÉTÉS :
Cavendish, Plantain, Corne, Freycinette.

Banane

La banane, c'est un fruit politique. Elle est au cœur d'enjeux économiques, sociaux et environnementaux dans les pays producteurs, parfois au détriment des travailleurs et de la biodiversité. Sous son sourire, il y a de longues luttes sociales et un choix de consommation aux conséquences globales.
La banane de grande distribution est quasiment toujours une seule variété clonée : la 'Cavendish'. Cette monoculture la rend extrêmement vulnérable aux maladies, ce qui entraîne une utilisation massive de pesticides (jusqu'à 40 traitements par an dans certains pays tropicaux). Quand vous achetez une banane, préférez celle certifiée commerce équitable, pour soutenir une agriculture plus juste et moins gourmande en intrants chimiques. Il existe deux sous-groupes de bananes cultivées : les bananes douces et les bananes à cuire, dont les plantains. Il est possible de cultiver des bananiers même sous nos latitudes ! Même s'il faut bien avoir en tête qu'ils sont souvent ornementaux dans les régions froides et que les plus rustiques se révèlent être ceux qui produisent les fruits les moins intéressants. Cela va de soi, une plantation de bananiers a besoin de soleil, donc mieux vaut habiter le Sud de la France et posséder une serre. Si c'est le cas, lancez-vous dans une aventure exotique et optez pour le bananier *Musa cavendish*. Installez-le à l'abri du vent, dans un sol riche et bien drainé. Arrosez-le généreusement en été, et paillez-le en hiver.

L'ILLUSTRATRICE :

Liv Lee

AUSTRALIE
@LIV.LEEEE

Pour dessiner le fruit préféré des Français, j'ai choisi une artiste australienne qui vit à Port Macquarie, une petite ville côtière avec de magnifiques plages. On y trouve aussi des forêts tropicales et des zones de brousse. Beaucoup d'exotisme en une page, n'est-ce pas ?

Carole : Quelle technique as-tu utilisée pour cette illustration ?
Liv : À la fois des techniques analogiques et numériques ! J'ai commencé par un croquis rapide pour définir les formes, les couleurs et la composition. Ensuite, je l'ai redessiné avec plus de détails et je l'ai peint à la gouache. J'ai scanné la peinture en très haute résolution, puis je l'ai nettoyée et ai travaillé ses couleurs.

Carole : As-tu trouvé ce fruit difficile à représenter ?
Liv : Non ! Je me suis servie des bananes merveilleusement imparfaites que nous avions dans la corbeille à fruits.

Carole : Pourquoi les fruits t'inspirent ?
Liv : Ils me permettent d'accentuer les formes et les lignes pour les faire entrer dans un espace donné. La banane fonctionne très bien avec mon style, mais j'aime aussi m'amuser avec le jacquier, la framboise, le mangoustan, les melons et les fraises.

Si Liv était un fruit, elle serait ***un corossol, une pastèque ou un litchi*** *! Difficile de choisir, ce sont ses fruits préférés !*

PLANTE :
Physalis

NOM LATIN :
Physalis alkekengi

PÉRIODE DE RÉCOLTE :
Septembre-novembre.

RENDEMENT POUR UN ARBRE :
1,1 kg par an.

VARIÉTÉS :
Coqueret du Pérou, tomatillo du Mexique, coqueret hétérophylle, cerise de terre.

Physalis

C'est dans la serre de Stéphane Marie, un jour de tournage pour *Silence ça pousse*, que je découvre ce fruit. Je suis totalement intriguée par celui que l'on surnomme « amour en cage ». Je ne peux m'empêcher de me demander si c'est un surnom positif ou négatif.
A priori, on se dit que ça ressemble à une fréquentation toxique.
Et pourtant, avec son petit fruit juteux et cette cage toute délicate, on en vient à penser que c'est plutôt la promesse d'un bel amour.
Riche en vitamines A, C et en antioxydants, cette baie à croquer est bonne pour la santé. J'aime le physalis bien acide. Il a un goût mêlant la groseille, le kaki et la mangue, selon moi… ce qui reste discutable en fonction des baies et des palais. Attention, certains physalis ne sont pas comestibles.
Plantez sans crainte un *Physalis peruviana* (prune des Incas, groseille du Cap) ou un *Physalis alkekengi*, dans un endroit plutôt ensoleillé. Il sera heureux dans n'importe quel sol. En revanche, ayez en tête que ses graines se ressèment facilement et que, s'il se plaît, il peut devenir envahissant (cultivez-le en pot ou utilisez des barrières anti-racines).
Le physalis est facile à vivre ou accaparant ; on revient toujours à cette dualité du nom.
Petite astuce pour finir, sachez que les baies sont prêtes à être cueillies lorsque les lampions passent du vert au brun doré et commencent à se dessécher, voire à se fissurer.
Ouvrez le calice. À l'intérieur, si la baie est jaune-orange, il est temps de la déguster. Si les fruits sont au sol, ils sont souvent mûrs, prêts à être consommés.
J'ai choisi le physalis pour Laura parce que ce fruit résonne parfaitement avec son univers.
Son autre petit nom est « lanterne japonaise », alors je vous laisse flotter avec son imaginaire.

L'ILLUSTRATRICE :

Laura Daniel

FRANCE
@LAURA_DISEGNA

Depuis que Laura est entrée dans ma vie, j'ai envie de passer du temps et de monter des projets avec elle. Discuter avec elle est enthousiasmant : elle a des idées étonnantes ! Si je devais résumer Laura, je dirais qu'elle est un crayon arc-en-ciel.

Carole : Décris-moi ton dessin.
Laura : J'ai réalisé ce dessin au crayon de couleur en ajoutant des petites retouches digitales pour y insuffler une touche de merveilleux. J'ai imaginé une branche qui symboliserait les trois âges du fruit, à différents stades de maturité. Je n'avais pas envie de choisir entre ces trois formes et ça démontre sa délicatesse et son étrangeté.

Carole : Qu'est-ce qui t'inspire généralement ?
Laura : Mon inspiration vient aussi bien du réel que de l'imaginaire, du quotidien que du merveilleux. L'humour, la fantaisie et l'observation minutieuse du monde autour de moi se mêlent, car dessiner, c'est avant tout voir ce qui se joue sous mes yeux.

Si Laura était un fruit, elle serait ***un physalis****. Comme lui, lovée dans sa robe un peu froissée, elle savoure le calme et l'intimité. Mais son côté farfelu prend le dessus.*

オレンジ

Orange

PLANTE :
Oranger

NOM LATIN :
Citrus sinensis, Citrus aurantium

PÉRIODE DE RÉCOLTE :
Janvier-mars.

RENDEMENT POUR UN ARBRE :
Environ 100 kg par an.

VARIÉTÉS :
Maltaise, Navel Late, Tarocco.

Rares sont les fruits qui ont donné leur nom à une couleur. L'orange n'est pas seulement un goût : c'est une teinte, une humeur, une lumière. Globe-trotteuse au parfum solaire, l'orange naît en Asie du Sud-Est, passe par l'Inde et la Perse, puis arrive en Méditerranée grâce aux Arabes au xe siècle. Elle se plaît dans les vergers d'Andalousie, s'épanouit sous le ciel sicilien et conquiert les tables royales. Elle capte l'œil autant que le palais. Côté variétés, on distingue les oranges amères (*Citrus aurantium*), utilisées pour les confitures et les liqueurs, et les oranges douces (*Citrus sinensis*) comme la juteuse Valencia ou la Navel sans pépins. Ces dernières sont très consommées et sont reconnaissables par leur petite excroissance en forme de nombril qui leur donne leur nom : *navel* est un mot anglais qui signifie « nombril ».

L'oranger aime les climats chauds, les sols bien drainés et le plein soleil. Il se cultive en pleine terre dans les régions méditerranéennes. Ailleurs, il doit impérativement être planté en pot afin de pouvoir hiverner durant la saison froide. On le plante au printemps ou à l'automne, on l'arrose modérément et on le taille légèrement après la fructification. Une seule orange couvre la majeure partie des besoins journaliers d'un adulte en vitamine C, avec seulement 45 kcal pour 100 g. Une fois ses quartiers avalés, gardez son écorce, elle vous servira pour de multiples usages. C'est une aide-ménagère formidable : mélangez les peaux d'une orange dans un litre de vinaigre blanc et laissez reposer au réfrigérateur pendant une semaine, en secouant de temps en temps. Vous obtenez un spray naturel nettoyant. C'est aussi un allume-feu. Feu à admirer avec une tasse de thé… aux écorces d'orange séchées !

L'ILLUSTRATRICE :

Ashley Huntington

AUSTRALIE

@LAZYCHERRYCLUB

Ashley a toujours adoré dessiner. C'est une vocation : depuis qu'elle est petite, elle souhaite être artiste. Pour se sécuriser, elle a été professeur d'art puis a étudié le design graphique, pensant que ce serait le chemin le plus simple pour trouver un emploi. Mais aujourd'hui elle est déterminée à vivre de son art.

Carole : Comment as-tu travaillé sur cette illustration ?
Ashley : Je pense que les oranges sont les fruits les plus faciles à dessiner… Après tout, ce n'est qu'un cercle orange ! Mais pour leur donner du relief et du caractère, j'ai intégré le filet et un maximum de textures. J'utilise donc une variété de pinceaux qui imitent le crayon et beaucoup de couches de couleur différentes. C'est ma recette pour donner vie à l'ensemble !

Carole : Qu'est-ce que tu aimes dans l'orange ?
Ashley : Les oranges sont mes fruits préférés parce qu'elles me donnent une sensation d'été (même si, ce sont des fruits d'hiver [rires]). J'ai de très beaux souvenirs d'enfance, quand ma mère me les coupait et que je les mangeais assise dehors, au soleil.

Si Ashley était un fruit, elle serait ***une cerise****.*
Avec sa sœur en guise de jumelle.

Amande

PLANTE :
Amandier

NOM LATIN :
Prunus dulcis

PÉRIODE DE RÉCOLTE :
Juin-juillet pour les amandes fraîches. Septembre pour les amandes sèches.

RENDEMENT POUR UN ARBRE (DE 3-4 ANS) :
8-12 kg par an, jusqu'à 50 kg pour les variétés coques vertes.

VARIÉTÉS :
Aï, Ferraduel, Ferragnès, Dame de Provence.

L'amande est pour moi la démonstration parfaite de l'excellence de la nature. Chez mes parents, un amandier, aujourd'hui disparu, a rythmé les saisons de mon enfance. Je me souviens parfaitement de ses si belles et délicates fleurs blanches et rose clair qui apparaissaient avant les feuilles et sonnaient la fin du froid hivernal.
J'aimais tout particulièrement cueillir ce fruit avant maturité, dans sa coque veloutée qui cache une amande nacrée à la chair tendre et laiteuse, un délice.
L'amande fraîche se consomme en juin-juillet. Si vous la préférez sèche, il faut attendre la fin de l'été. Elle est source de magnésium, de fibres et de protéines. Elle a une teneur élevée en vitamine E, qui en fait un puissant antioxydant et un allié pour notre santé.
Les premières traces de l'amande remontent à la préhistoire. Originaire d'Asie centrale, l'amandier s'est ensuite répandu en Méditerranée. C'est seulement au Moyen Âge qu'il commence à être implanté en France.
On pourrait croire l'amandier frileux mais il est très rustique : il peut supporter des températures allant jusqu'à -25 °C. Cependant, ses fleurs ne supportent pas les températures basses. Si elles subissent le gel, elles ne donneront pas de fruits. À noter qu'il est difficile de distinguer *Prunus amygdalus var. dulcis* de l'amandier amer, *Prunus amygdalus var. amara.* Or les amandes de ce dernier sont considérées comme toxiques, en raison de leur teneur en acide cyanhydrique. Autre petite mise en garde : il existe de nombreuses variétés d'amandiers autostériles. Il faut donc installer une autre variété compatible à moins de 15 mètres pour assurer la pollinisation. Pensez-y si vous voulez planter un amandier chez vous l'automne prochain !

L'ILLUSTRATRICE :

Emmanuelle Loutte

ANGLETERRE
@_EMMA.AND.CO & @EMMANUELLELOUTTE

Artiste française établie à Londres, Emmanuelle peint la nature avec poésie et les imageries anglaises avec beaucoup de tendresse. Avoir chez soi un dessin d'elle, c'est la possibilité de se souvenir au quotidien de la beauté insouciante de la nature.

Carole : Quel matériel est nécessaire pour tes créations ?
Emmanuelle : Je peins à la gouache sur du papier à grain ou kraft. Et j'adore m'inspirer des livres anciens de botanique. J'en ai une belle collection et on peut presque en trouver dans toutes les pièces de mon appartement à Londres !

Carole : Qu'est-ce qui t'inspire ?
Emmanuelle : Ce qui nourrit mon imaginaire, ce sont les fleurs et le travail de la couleur. J'explore, je mélange et je trouve les camaïeux de couleurs qui composeront l'illustration et dessineront les reliefs. Pour ce dessin, je me suis amusée à réfléchir aux différentes étapes de maturation de ce fruit. D'abord les fleurs délicates rosées, puis la couleur du fruit d'un vert velouté, la coque dure et nervurée et enfin l'amande nue, claire et épurée. Et, pour finir, son goût !

Si Emmanuelle était un fruit, elle serait ***une pêche blanche*** *! Douce et délicate en apparence mais un noyau solide au cœur !*